Sabine Lubenow, *schon mehrfach als Fotografin für den HB Bildatlas unterwegs, kam angesichts der Fülle von wunderschönen Motiven begeistert aus Venedig zurück.*

Von Hamburg nach Venedig jettet unsere Autorin ***Hilke Maunder*** *mindestens drei- bis viermal pro Jahr.*

Barbara Schaefer *hat schon etliche Reiseführer über Norditalien verfasst. Ihre besondere Liebe gilt dem Gardasee und Verona.*

Liebe Leserinnen, liebe Leser!

Die Preisverhandlungen sind langwierig, zäh und – erfolglos. Ich gebe es auf, als mir der Gondoliere in fließendem Englisch erklärt, dass die Preise von öffentlicher Seite festgelegt sind. Eine einstündige Fahrt auf einer der ca. 400 schwarzen Gondeln, die durch Venedigs Kanäle schaukeln, kostet nun einmal rund 120 Euro – ein Betrag, der den Gondolieren ein gutes Auskommen beschert. Das sei ihnen zwar gegönnt, dennoch entscheiden wir uns für eine preiswertere Form der Fortbewegung und folgen damit einem Tipp unserer Autorin Hilke Maunder. Die Gondole Traghetti versehen einen Pendeldienst über den Canal Grande, diese Gondelfahrt verbreitet natürlich kaum Romantik, kostet aber auch nicht einmal zwei Euro.

Glanz und Alltag in Venedig

Hilke Maunder stellt uns die Glanzseiten der Lagunenmetropole vor, zeigt uns ihre ganz persönlichen Highlights und lässt uns auch teilhaben am Venedig der kleinen Leute, sie entführt uns in die schmalen Gassen der volkstümlichen Viertel und natürlich auf die Inseln in der Lagune, auf denen das Leben noch einen gemächlichen Gang geht. Schade, dass die meisten Venedig-Besucher diese Seite der Lagunenstadt gar nicht erleben. Über 90% der jährlich rund 13 Mio. Besucher schauen sich nur den Markusplatz an und bleiben nur wenige Stunden in Venedig.

Köstliches aus dem Veneto

Anders als sonst beim HB Bildatlas haben an diesem Band gleich drei Autoren mitgearbeitet. Barbara Schaefer, Spezialistin für das nördliche Italien, stellt Venedigs Hinterland vor mit den Städten Verona, Padua und Vicenza. Freunde der italienischen Küche müssen unbedingt ihre Artikel im Savoir-Vivre-Kapitel lesen, seit der Lektüre schaue ich mir jede Prosecco-Flasche nach ganz anderen Kriterien an. Ditter im Autorenbunde ist der Italienkenner und Reisebuchautor Peter Peter. Ihm verdanken wir ein interessantes Interview mit dem Padrone Andrea Varisco – und die Gewissheit eine Adresse zu haben, wo wir unbedingt beim nächsten Venedig-Aufenthalt speisen müssen. Ein bisschen neidisch bin ich, wenn Sie, liebe Leser, diese Erfahrung schon vor mir machen.
Herzlich Ihre

Birgit Borowski
Programmleiterin HB Verlag

Köstliches Venedig
Seite 86–89

Andrea Varisco ist gebürtiger Venezianer, und er ist stolz darauf. In seinem Bàcaro verwöhnt er Einheimische wie Touristen kulinarisch.

Poesie des Alltags
Seite 34–49

In Venedig liegen Mythos und Alltag oft nicht weit voneinander entfernt; manchmal nur wenige Schritte, etwa von der Rialtobrücke zum Rialtomarkt.

Lebens-Art
Seite 104–111

Auf einer noch von der Hitze des Tages erwärmten Piazza unter freiem Himmel speisen und dazu ein Gläschen Wein oder zwei – das ist das italienische Glück, und es ist sehr real.

Aus der Ebene
Seite 90–103

Bassano del Grappa liegt an der Schnittkante zwischen Ebene und den Bergen, auch die Architektur changiert zwischen venezianischen Fenstern und geduckten alpinen Häusern.

INHALT

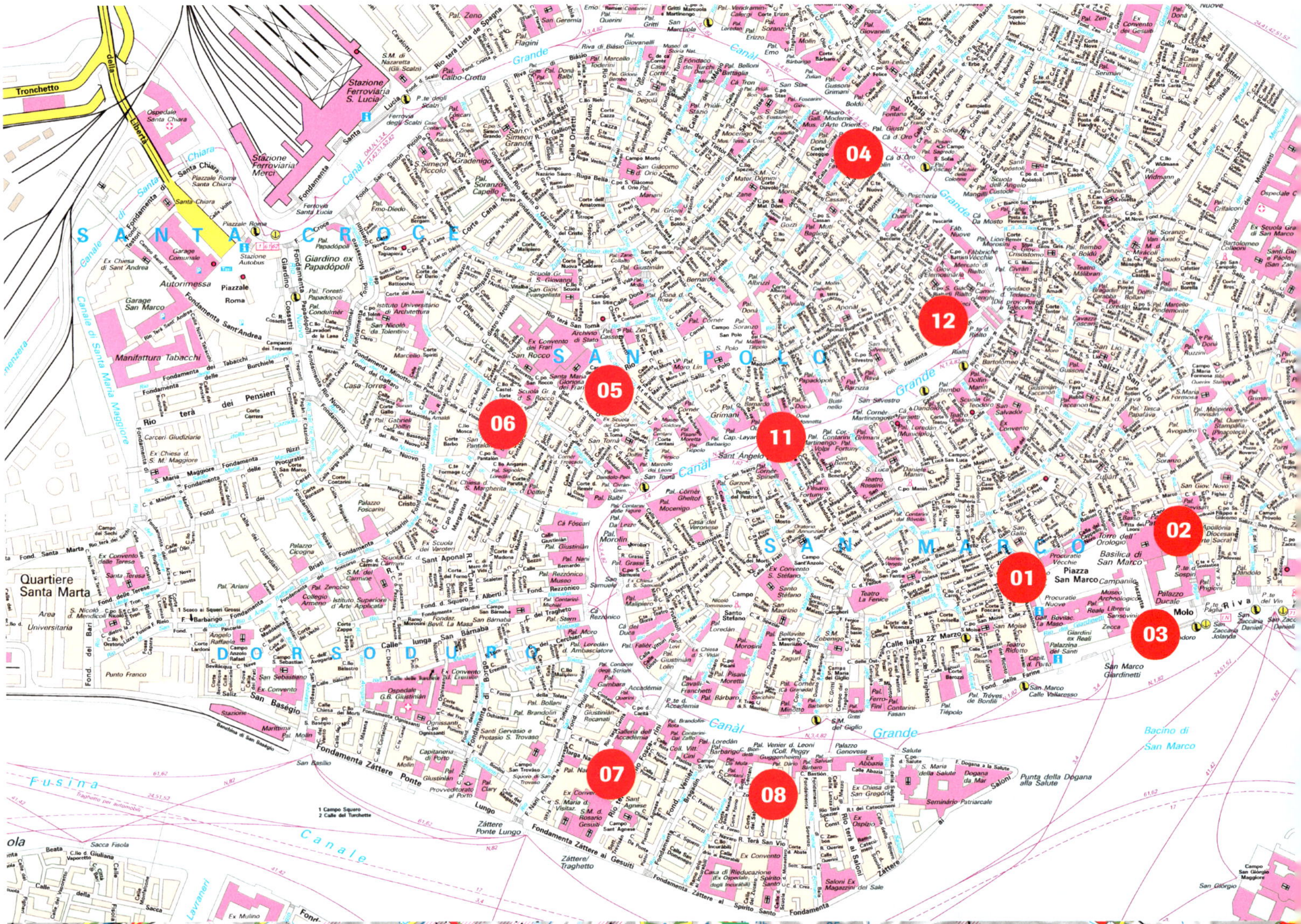
SANTA CROCE
SAN POLO
SAN MARCO
DORSODURO
Canal Grande
Stazione Ferroviaria S. Lucia
Piazzale Roma
Tronchetto
Quartiere Santa Marta
Piazza San Marco
Basilica di San Marco
Bacino di San Marco
Punta della Dogana alla Salute
Canale della Giudecca
01
02
03
04
05
06
07
08
11
12
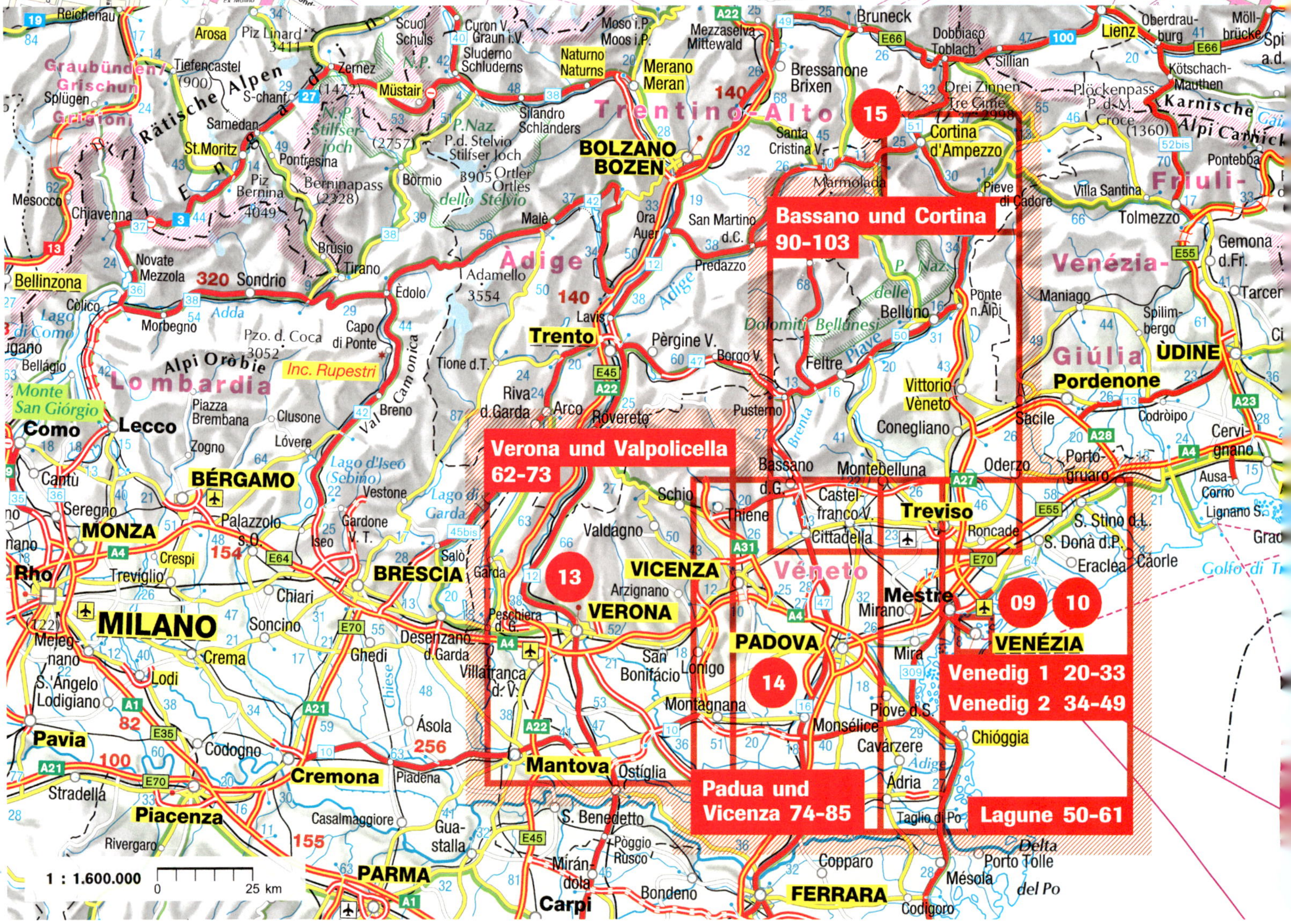
Bassano und Cortina 90-103
Verona und Valpolicella 62-73
Padua und Vicenza 74-85
Venedig 1 20-33
Venedig 2 34-49
Lagune 50-61
15
13
14
09
10
Trentino-Alto Adige
Lombardia
Véneto
Friuli-Venézia-Giúlia
BOLZANO BOZEN
Trento
VERONA
VICENZA
PADOVA
Treviso
Mestre
VENÉZIA
Chióggia
MILANO
BÉRGAMO
BRESCIA
MONZA
Como
Lecco
Mantova
Cremona
Piacenza
Pavia
PARMA
FERRARA
Pordenone
ÚDINE
Cortina d'Ampezzo
Belluno
Bassano d.G.
Rovigo
1 : 1.600.000
0
25 km

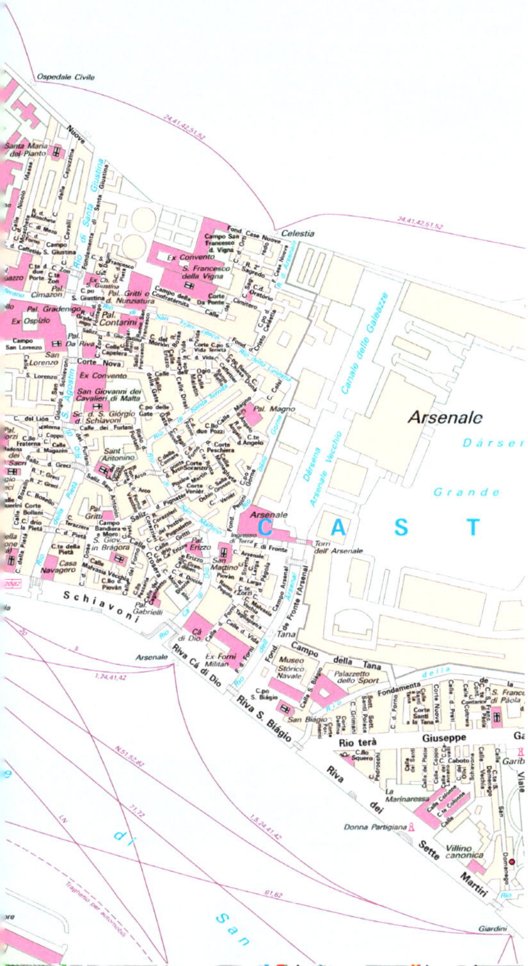

DIE BESTEN TIPPS DER REDAKTION

KULTUR

01 „Schönster Festsaal Europas“ 31
Die Piazza San Marco war jahrhundertelang geistliches, gesellschaftliches und politisches Zentrum der Republik, gesäumt von Dogenpalast, Prokuratien und dem Markusdom.

02 Wo der Apostel begraben ist 31
Der Markusdom wurde 832 geweiht, aber erst 1094 für die Gebeine des Apostels Markus im byzantinischen Stil mit fünf Kuppeln vollendet. Zur Innenausstattung gehören weltberühmte Kunstschätze.

03 Das Zentrum der Macht 31
Der Dogenpalast wurde als Holzfestung errichtet, zum gotischen Palast umgebaut, war Sitz der Dogen, der Regierung der Serenissima sowie der Jurisdiktion.

04 Palastjuwel am Canal Grande 48
Juwel der rund 300 Palazzi am Canal Grande ist die elegante Ca d'Oro, die ihren Namen von der einst vergoldeten Marmorfassade erhielt. Dort zeigt die Galleria Franchetti die Kunstsammlung des letzten Besitzers.

05 Außen schlicht, innen famos 47
Berühmtestes Kunstdenkmal in San Polo ist die monumentale gotische Pfeilerbasilika der Franziskaner, Santa Maria Gloriosa dei Frari, die hinter ihrer vergleichsweise schlichten Backsteinfassade ein prachtvolles Inneres birgt.

06 Grandioser Marienzyklus 47
Tintoretto schuf in der westlich von der Frarikirche liegenden Scuola Grande di San Rocco insgesamt 56 Decken- und Wandgemälde. Besonders schön ist der Marienzyklus in der Säulenhalle des Erdgeschosses.

07 Venezianische Meister 48
Im ehemaligen Kloster S. Maria della Carità von Dorsoduro gibt die Galleria dell'Accademia einen hervorragenden Überblick über die Entwicklung der venezianischen Malerei vom 14. bis zum 18. Jahrhundert.

08 Peggy und der Engel der Stadt 48
Ein Mekka für moderne Kunst ist der Palazzo Venier dei Leoni mit der Collezione Peggy Guggenheim.

09 Juwelen der Glaskunst 59
Murano ist eine Miniaturausgabe von Venedig: Die Heimat der berühmten Glasbläser liegt auf fünf Inseln, die ein großer und mehrere kleinere Kanäle trennen.

10 Spitzen-Insel Burano 59
Der malerische Fischerort Burano auf vier Laguneninseln ist für seine Nadelspitze „Reticella“ berühmt.

ERLEBEN

11 Mit dem Boot durch Venedig 31
Am Bacino di San Marco beginnt eine Schaustrecke venezianischer Baukunst, die sich am besten an Bord eines Vaporetto oder einer Gondel erleben lässt.

12 Rialtobrücke sehen und erleben 31
Älteste und berühmteste der drei den Canal Grande überspannenden Brücken ist die Rialtobrücke.

13 Und nur der Mond schaut zu? 71
Ein Opernabend in der Arena di Verona ist ein musikerfüllter Sommernachtstraum unter dem Sternenhimmel.

14 Auf dem Wasser im Hinterland 83
Bei Ausflügen auf den Kanälen und dem Brentafluss passiert man Villen, fährt durch die Stadt Padua oder bis nach Venedig.

NATUR

15 Faszination Dolomiten 102
Großartige Landschaftseindrücke vermittelt eine Fahrt mit der Seilbahn Freccia nel Cielo auf die Tofana di Mezzo.

VENEDIG WÄRE NICHT VENEDIG …

… wenn es im freien Meere läge, meinte Hermann Hesse und berichtete von einem Morgen, da er den enormen Unterschied von Meer und Lagune empfand: „Die leuchtend frischen, jubelnden Farben würden Venedig seinen eigensten Schmuck berauben: das Verschleierte, Traumhafte, verborgen Schillernde der Farben.“

HOTEL MARCONI

DAS VENEDIG DER TOURISTEN

Es sei zwecklos, meinte Mary McCarthy, zu behaupten, „dass das Venedig der Touristen nicht das wirkliche Venedig sei … Das Touristen-Venedig *ist* Venedig: die Gondeln, die Sonnenuntergänge, die wechselnde Beleuchtung, das Café Florian, das Café Quadri Torcello, Harrys Bar, Murano, Burano, die Tauben, die Glasperlen, der Vaporetto“.

AUCH WIR IN ARKADIEN!

Südlich von Padua überziehen Kastanien, Eichen, Ulmen und Erdbeerbäume, Lorbeersträucher und Ginster die sanften, vulkanförmigen Euganeischen Hügel mit einem grünen Mantel: ein heiter anmutendes Arkadien. Besonders idyllisch inmitten von Olivenhainen, Weinbergen und Obstgärten liegt Arquà Petrarca, wo die Poesie eine Casa hat, die Casa del Poeta nämlich, in der Petrarca unsterbliche Verse für eine heiß ersehnte Liebe fand.

„ES WAR DIE NACHTIGALL …

… und nicht die Lerche, / Die eben jetzt dein banges Ohr durchdrang“: So versuchte Julia einst ihren Romeo zu halten, der schon den muntren Tag die dunst’gen Höhn erklimmen sah. Wie die Geschichte der beiden ausging, ist seit mehr als 400 Jahren bekannt. Als moderner Romeo aber wäre man gut beraten, bei seiner Julia zu bleiben, in einer lauen Veroneser Sommernacht, wenn die Nachtigallen ganz anders zwitschern als zu Shakespeares Zeiten – ganze Arien singen nämlich vor antiken Mauern, in der Arena di Verona, bei den Opernfestspielen.

WAS LEIB UND SEELE ZUSAMMENHÄLT …

… darf in Italien gern auch mal etwas herzhafter sein. Denn von Luft und Liebe lebt der Mensch ja nicht allein, und wer – wenn er nicht gerade Vegetarier ist – wollte schon einem so verführerischen „Anschnitt“ widerstehen? Hier im Feinkostgeschäft Danesin in Treviso wäre das jedenfalls glatt eine Sünde!

CARLOFORTE
TARANTELLO
DI TONNO DI CORSA
sott'OLIO d'OLIVA
CARLOFORTE
TARANTELLO
DI TONNO DI CORSA
sott'OLIO d'OLIVA

MAGISCHES VENEDIG

Nachts auf der Piazza San Marco zu stehen, ist ein ganz besonderes Erlebnis: Die Markusbasilika wirkt wie eine verschlossene Schatztruhe, der Dogenpalast kündet von vergangener Macht, und fast möchte man vor Ehrfurcht erstarren, wären da nicht die lieblichen Klänge, die von den Musikern vor den Cafés herüberwehen. Klavier, Geige und Kontrabass geben ihr Bestes, und auf einmal brandet Beifall auf: Da hat wohl ein Pärchen ein Tänzchen gewagt. So ein Tanz auf dem Markusplatz aber gibt dem Leben eine gewisse Leichtigkeit zurück, und erst jetzt scheint die Magie dieses Ortes wirklich vollkommen zu sein.

Die Königin der Meere

Unter ihren Dogen stieg Venedig zu einer Großmacht auf, die nicht nur das Mittelmeer kontrollierte, sondern sich auch in einzigartiger Weise triumphal in Kunst und Kultur inszenierte. Giovanni Bellini war der erste Malerfürst der Seerepublik, klangvolle Namen folgten: Tizian, Tintoretto und Tiepolo, Canaletto und Carpaccio. Wer jedoch gegen die strengen Regeln des Stadtstaates verstieß, wanderte nach kurzem Prozess über die Seufzerbrücke ins Gefängnis: Einzig Casanova gelang von dort die Flucht.

Durchblick: Rund 175 Kanäle soll es in Venedig geben

01

02

„Venedig ist eine vollkommen unwahrscheinliche Stadt. Nichts ist hier natürlich, alles ist Kunst."

Massimo Cacciari, Bürgermeister von Venedig

Venedig gibt immer wieder Rätsel auf. Mal funkelt und glitzert die Stadt in der Sonne, dann wieder liegen kühle Nebelschwaden auf den Kanälen, umhüllt morbide Grandezza die Palazzi. Längst ist die Stadt mehr Mythos als realer Ort, mehr Spekulationsobjekt als Lebensraum. Verewigt in der Kunst, verlassen von den Menschen. Rund 14 Millionen Menschen besuchen jährlich die Stadt, die „halb Märchen, halb Fremdenfalle" (Thomas Mann) ist, lassen sich für teures Geld durch die Kanäle des UNESCO-Weltkulturerbes gondeln und bringen die Stadt mit ihrem Müll tagtäglich an den Rand des Kollaps.

Der mächtigste Stadtstaat der Welt

Geheimnisumwoben sind bereits ihre Wurzeln. Der 15. März 421 als offizielles Datum der Stadtgründung ist eine reine Fiktion und durch nichts belegt. Im 5./6. Jahrhundert hatten sich die ersten Flüchtlinge aus Venetien auf den Laguneninseln niedergelassen. Später entwickelte sich die Siedlung von einem losen Verbund mehrerer Laguneninseln zu einer straff organisierten See- und Handelsmacht, die im Jahr 1204 im vierten Kreuzzug sogar gegen Konstantinopel zog. Als neue Großmacht des Mittelmeeres – Dauerkonkurrentin Genua wurde 1378 bei Chioggia vernichtend geschlagen – erweiterte die Serenissima landseitig ihr Machtgebiet auf die Terraferma – wo Palladio für die venezianischen Adligen palastartige Landgüter in Padua, Vicenza, Verona, Bergamo und Brescia entwarf.

In Venedig begann der Orient

Händler wie Marco Polo brachten Seide und Samt, Smaragde und Rubine, Gewürze und andere Luxusgüter aus Arabien, Indien und China in die Stadt; arabische Händler, Sklaven und Juden sorgten für exotisches Flair im Straßenbild. Bellini und Vivarini machten die Lagunenstadt zum Zentrum der Künste, und ihr Arsenal galt als beste Werft der Welt. Bis zu 16 000 Mann arbeiteten dort an den Galeeren, mit denen die Seerepublik ihre Macht sicherte. Als Zentrum von Politik und Gesetz fungierte der Palazzo Ducale. Ausgeschmückt wurden die Räume von den Kunststars des 16. Jahrhunderts: Tizian, Tintoretto und Paolo Veronese, die in ihren monumentalen Gemälden die wichtigsten Ereignisse der Stadtgeschichte festhielten.

Der Löwe aus der Lagune

Zum Symbol der Seerepublik wurde der geflügelte Löwe des heiligen Markus. Wo immer die Serenissima herrschte, breitete er schützend seine Flügel aus – meist hoch erhoben auf einer Stele. Doch wie kam der Heilige nach Venedig? Der Legende nach

01 *Schmuckstück am Canal Grande ist der Palazzo Franchetti bei der Ponte dell'Accademia*
02 *Über diese (Rialto-)Brücke muss man gehen*
03 *Der Name der Rialtobrücke leitete sich ab von „Rivus Altus" („hohes Ufer")*
04 *Ob diese Gondeln Trauer tragen?*

01

„Wer nicht sein Herz stärker klopfen fühlt, wenn er auf dem Markusplatz steht, der lasse sich begraben, denn er ist tot, unwiderbringlich tot.“ Franz Grillparzer

02

03

04

soll er sich auf einer seiner Missionsreisen in der Lagune verirrt und im Dunkeln auf einer Insel zur Ruhe gelegt haben. Im Traum, heißt es weiter, sei dem Evangelisten ein Engel erschienen, der ihn mit den Worten „pax tibi Marce" („Friede sei mit Dir, Markus") begrüßte – der Sinnspruch ist eingemeißelt in das geöffnete Buch, das der Markuslöwe mit seiner Pranke hält. Der Engel soll Markus auch geweissagt haben, dass dieser nächtliche Rastplatz seine letzte Ruhestätte – und der Ort seiner höchsten Verehrung – sein würde. Doch zunächst reiste Markus weiter nach Ägypten, wo er von Heiden gefangen genommen und an Stricken zu Tode geschleift worden sein soll. Die Christen begruben Markus in der dortigen Bischofskirche, doch 827 „retteten" venezianische Händler die Gebeine des Heiligen vor den Sarazenen und bestatteten sie in Venedig in einer eigens für ihn errichteten Kirche, die 976 einer Feuersbrunst zum Opfer fiel. Erst am 25. März 1094 wurden seine sterblichen Überreste – wie durch ein „Wunder" – wieder gefunden und unter dem Hauptaltar des im gleichen Jahr vollendeten Markusdoms in einem steinernen Sarkophag erneut bestattet. Der Fund wird bis heute beim Inventio Sancti Marci groß gefeiert – mit Hochamt in der Basilika, Gondelregatta und Volksfest auf dem Markusplatz.

Der schönste Salon Europas

Das ganze Jahr hindurch ist die Piazza San Marco Schaufenster der Stadt. Ungeachtet der Tauben und Touristen ist der „Salon Europas" (Alfred de Musset) noch immer Flaniermeile und Festsaal. Hier schlug das politische, religiöse und gesellschaftliche Herz, wurden Staatsakte vollzogen – und hier stand das Schafott. 1507 wurde hier auch der Bäcker Piero Tasca hingerichtet. Er hatte einen erstochenen Toten gefunden und war daraufhin selbst des Mordes beschuldigt worden. Nach grausamen Folterungen wurde er an der Südseite der Basilika hingerichtet. Kurz darauf konnte die

01 *Palazzo Ducale: die Schauseite der Stadt*
02 *Markusplatz: das Herz der Seerepublik*
03 *Seufzerbrücke: auf Giacomo Casanovas Spuren*
04 *Unter den Arkaden: Verschnaufpause tut gut!*

01

02

03

04

05

SPECIAL Caffè Florian

Das älteste Kaffeehaus

Hier umgarnte Herzensbrecher Giacomo Casanova schöne Damen, verkehrten Goethe und Goldoni, Stendhal und Schopenhauer, Wagner und William Turner: Das Caffè Florian gehört zu den ältesten, schönsten – und teuersten – Kaffeehäusern der Welt.

Unter den Arkaden

Gegründet wurde das Florian am 29. Dezember 1720 vom venezianischen Gastwirt Floriano Francesconi, der seinen damals noch winzigen Laden einzig mit zwei Öllämpchen erhellte und stolz „Alla Venezia Trionfante" nannte. Vor allem den venezianischen Adligen, Künstlern und Intellektuellen gefiel es im „Triumphierenden Venedig" unter den Arkaden der Neuen Prokuratien am Markusplatz. Dort las man in der 1760 von Gasparo Gozzi entworfenen „Gazzetta Veneta", der ersten italienischen Zeitung, und genoss das damals neuartige, anregende Getränk aus Arabien: Kaffee. Gerade im Winter war das Gedränge im Florian groß – viele Häuser hatten damals noch keine Heizung. Das Café florierte so gut, dass bald der ursprüngliche Name vergessen war: Venedig ging – und geht – „ins Florian".

Unschuld des Bäckers bewiesen werden. Seitdem leuchten als ewige Entschuldigung der Stadt jede Nacht zwei rote Lichter zwischen den beiden Bögen der Basilika.

Die Macht der Kunst

Kaum jemand beherrscht(e) die Kunst der Selbstinszenierung so gut wie die Serenissima. Nach dem Rücktritt des letzten Dogen verhinderte vor allem ein Mann den Exodus der venezianischen Kunstschätze: Teodoro Correr (1750 – 1830). In seinem Palazzo am Canal Grande stopfte er alle 20 Räume bis unter die Decke mit Kunst voll – seine Sammlungen bilden heute den Grundstock des Museo Correr. Ein Jahrhundert später gründeten die Stadtväter die Biennale von Venedig, 1910 wurden mit Klimt, Renoir und Courbet auch die ersten internationalen Künstler ausgestellt.

Längst sprengt die Kunstschau die Kapazitäten von Castello, hat die Kunst das Arsenal erobert, ist in den Palazzi der Stadt untergekrochen oder in andere Häuserensembles ausgewichen: Alle zwei Jahre lockt Venedig mit Inseln der Kunst in der gesamten Stadt, die mit ihren mehr als 40 Museen ohnehin eine Mammutschau aus zwei Jahrtausenden ermöglicht. Und auch außerhalb jener Sommermonate kann man von den Bellinis und Tizians in der altehrwürdigen „Accademia" in wenigen Schritten zum Rokoko der Ca' Rezzonico schlendern, ehe im Palazzo Grassi Pop und Minimal Art mit dem barocken Prunk von Giorgio Massari spannungsreich flirten.

Kulturzentrum in bester Lage

Im Jahr 1984 hatte der verstorbene Fiat-Chef Giovanni Agnelli den Palazzo Grassi aufgekauft, die Architektin Gae Aulenti sowie Antonio Foscari mit der Restaurierung beauftragt und ihn zwei Jahre später als Kulturzentrum in allerbester Lage am Canal Grande eingeweiht. Nach dem Tod des Konzernchefs stand die Schmuckschatulle zum Verkauf. Prompt griff François Pinault zu. Ganz nach dem Motto „Man gönnt sich ja sonst nichts" legte der französische Industrielle und Kunstsammler 29 Millionen Euro auf den Tisch und eröffnete nach fünfmonatigem Umbau im April 2006 eine groß angelegte Schau, in der 200 Werke von Andy Warhol über Gerhard Richter bis zu Maurizio Cattelan gezeigt wurden. Zu sehen war damit jedoch nur etwa ein Zehntel der Privatsammlung von Pinault, deren neues Domizil jetzt die Punta della Dogana wird. Die einstige Zollstation am Eingang des Canal Grande wird nach Plänen von Tadao Ando zur Dauerausstellung für zeitgenössische Kunst von Pop bis Minimal umgestaltet. Danach soll der Palazzo Grassi für Sonderausstellungen reserviert bleiben.

01 *Vor der Markuskirche, über die Theodor Fontane meinte: „So kolossale Sachen … liegen über alle Kritik hinaus. Man hat sich lediglich vor ihnen zu verneigen."*

02 *Sonnenbad mit Blick auf die blaue Lagune*
03 *Über allem wacht der heilige Markus*
04 *Es ist, was es ist: das Caffè Florian*
05 *Goldonistatue am Campo San Bartolomeo*

01 *Hier haben die schönen Musen einen besonders schönen (H)ort: im Teatro La Fenice*

02 *Den Hauptaltar von Santa Maria Gloriosa dei Frari schmückt Tizians Mariä Himmelfahrt*

Splitternackt

Zum Mekka der Kunst wandelte sich auch der unvollendete Palazzo Venier dei Leoni am Canal Grande. Im Jahr 1910 hatte ihn die Marchesa Luisa Casati gekauft, die danach strebte, „ein lebendes Kunstwerk zu sein" – dafür verprasste die Geliebte des Dichters D'Annunzio binnen weniger Jahre ihr ganzes Vermögen. Sie feierte wilde Partys, besprühte Katzen und Affen im Garten mit Farbe und führte zwei Geparden an diamantenbestickten Leinen über die Piazza San Marco. Das allein hätte vermutlich genügt, die Marchesa zum Stadtgespräch zu machen, doch damit nicht genug: Unter ihrem Pelzcape war sie splitternackt …

Sie feierte wilde Partys und führte zwei Geparden über die Piazza San Marco.

Die letzte Dogin

Nachdem Casati im Jahr 1932 vor ihren immensen Schulden nach London geflohen war, erwarb eine ebenfalls millionenschwere Lebenskünstlerin 1949 ihr Anwesen: Peggy Guggenheim, auch kein Kind von Traurigkeit. Marcel Duchamp, Yves Tanguy und Jackson Pollock zählten zu ihren Liebhabern, zweimal war sie verheiratet – zuletzt mit dem Dadaisten Max Ernst. Doch auch diese Ehe hielt nicht. So zog sie umher, logierte in Luxushotels und führte ein rastloses Leben – bis sie in Venedig eine Heimat für sich und ihre Kunst fand. Süchtig nach Bildern, sammelte sie die europäische und amerikanische Kunst auch der ersten Hälfte des 20. Jahrhunderts: Kubisten und Surrealisten, Actionpainter und Abstrakte – sämtliche Strömungen der klassischen Moderne faszinierten die Femme Fatale, die sich mit ihrem Schoßhündchen über den Canal Grande chauffieren ließ und bei ihrem Tod am 23. Dezember 1979 von den Venezianern als „letzte Dogin" von Venedig betrauert wurde.

03 *Wendeltreppe am Palazzo Contarini del Bovolo*
04 *Santa Maria Gloriosa dei Frari von außen*

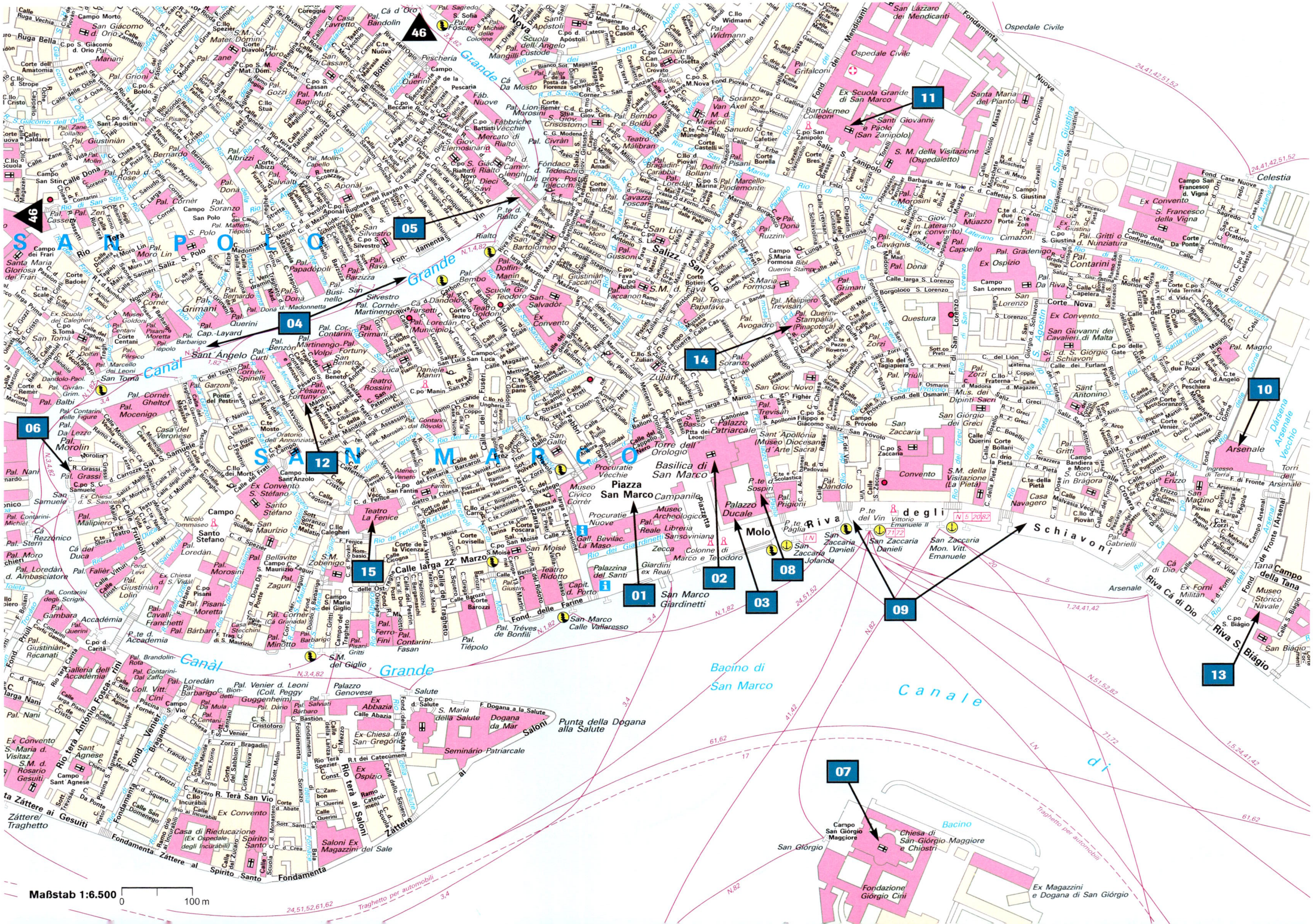

San Marco
San Polo
Canal Grande
Canale di San Marco
Bacino di San Marco
Riva degli Schiavoni
Piazza San Marco
Basilica di San Marco
Palazzo Ducale
Teatro La Fenice
Arsenale
Rialto
Punta della Dogana alla Salute
San Giorgio Maggiore
Fondazione Giorgio Cini
Ospedale Civile
Fondamenta dei Mendicanti
Rio terà ai Saloni
Fondamenta Zattere al Spirito Santo
Riva Cà di Dio
Riva S. Biagio
01
02
03
04
05
06
07
08
09
10
11
12
13
14
15
46
Maßstab 1:6.500
0
100 m

Der Glanz der Serenissima

„La Serenissima" – die „Allerdurchlauchtigste": Mit diesem Ehrentitel preisen die Venezianer seit jeher Glanz und Größe ihrer Stadt „zwischen Himmel und Wasser" (Petrarca). Wichtigstes Mittel der staatlichen wie der persönlichen Selbstdarstellung und das herausragende Statussymbol der adeligen wie der bürgerlichen Familien wurde die Kunst – heute zu entdecken in mehr als 900 Palazzi, 100 Kirchen und mehr als 40 Museen.

01 – 15 VENEDIG

Venedigs Centro Storico besteht nicht aus Stadt- „Vierteln", sondern „Sechsteln" – den Sestieri. In San Marco befinden sich die wichtigsten Sehenswürdigkeiten der Lagunenstadt, im Residenzviertel Santa Croce gibt es schöne Palazzi zu bestaunen, in Dorsoduro und Cannaregio liegen die besten Museen von Venedig. San Paolo ist ideal zum Shopping, Castello die Heimat zahlreicher Luxushotels.

SEHENSWERT Für Napoleon war er der „schönste Festsaal Europas": Die 175 m lange und 56 bis 82 m breite **01 Piazza San Marco** **TOPZIEL** (Markusplatz) war jahrhundertelang das geistliche, gesellschaftliche und politische Zentrum der Republik, gesäumt von Dogenpalast, Prokuratien und dem Markusdom – Macht, in Marmor gefasst. 400 Jahre lang, von der Gotik bis zur Republik, wurde an der einst einzigen Piazza der Lagunenstadt gebaut. Neben ihr gab es bis zum Bau des Bahnhofsplatzes nur „Campi" – unbefestigte „Felder". An der Südseite bietet der 198,6 m hohe **Campanile** aus dem Jahr 888, der nach dem Einsturz von 1902 zehn Jahre später wiederaufgebaut wurde, einen fantastischen Rundblick (tgl. 9.30–15.30 Uhr). An der Nordseite schlagen zwei riesige Mohren aus Bronze auf dem **Torre dell'Orologio** (Uhrturm) die Stunden an. Nord-, Ost- und Südseite des Markusplatzes fassen die **Prokuratien** (16./17. Jh.) ein, die einstigen Verwaltungsgebäude der Republik. Im Erdgeschoss befinden sich heute neben exquisiten Läden die drei berühmtesten Musikcafés Venedigs – das Gran Caffè Quadri, das Gran Caffè Lavena und das 1720 gegründete **Caffè Florian** – im ältesten Kaffeehaus Europas umgarnte bereits Casanova die Damen.
Staats- und Palastkirche der Dogen sowie offizielles Staatsheiligtum der Republik Venedig war bis 1797 die **02 Basilica di San Marco** **TOPZIEL** (Markusdom, Besuch vorab reservieren unter www.alata.it!). Sie wurde 832 geweiht, aber erst 1094 für die Gebeine des Apostels Markus, der Theodor als Stadtpatron ablöste, im byzantinischen Stil mit fünf Kuppeln vollendet. Wände und Decken des dreischiffigen Inneren schmücken 4240 m² große Mosaiken auf Goldgrund, den Boden Marmormosaiken. Zu den weltberühmten Kunstschätzen der überaus reichen Innenausstattung gehört das aus Gold, Silber, Emaille und Edelsteinen gefertigte Altarbild **Pala d'Oro** (10.–14. Jh.). Der **03 Palazzo Ducale** **TOPZIEL** (April bis Okt. 9.00–19.00, Nov.–März 9.00–17.00 Uhr), 814 als Holzfestung mit Wehrtürmen errichtet, im 14. Jh. zum gotischen Palast umgebaut, war Sitz der Dogen, der Regierung der Serenissima sowie der Jurisdiktion – Gericht und Gefängnis waren hier ebenso untergebracht wie der von Jacopo Tintoretto mit dem Monumentalbild „Das Paradies" (1588 bis 1594) geschmückte Versammlungssaal des Großen Rates und die Prunkgemächer der Dogen. Zwischen den zwei roten Säulen der Loggia wurden die Todesurteile verkündet, vom Balkon an der Piazzetta konnte der Doge die Hinrichtungen verfolgen. Am Bacino di San Marco beginnt der **04 Canal Grande** **TOPZIEL**, eine 3,8 km lange Schaustrecke venezianischer Baukunst, die sich am besten an Bord eines Vaporetto oder einer Gondel erleben lässt. Während der Fahrt gleiten die Boote unter drei Brücken hindurch, die den Canal Grande als letztes Teilstück des nördlichen Arms der Brenta überspannen. Ältestes Bauwerk ist die 48 m lange und 22 m breite **05 Rialtobrücke** **TOPZIEL** (1591), die angeblich auf 12 000 Eichenstämmen ruht. Ihre beiden Ladenreihen bieten Schmuck, Leder und Souvenirs. Der französische Milliardär François Pinault erwarb 2006 den **06 Palazzo Grassi** (tgl. 10.00–17.00 Uhr, Juli–Nov. Di. geschl., www.palazzograssi.it) und gewährt dort bei wechselnden Ausstellungen Einblicke in seine Sammlungen moderner und zeitgenössischer Kunst. An der **Scalzibrücke** (1858, 1932 bis 1934 ersetzt), die Cannaregio mit Santa Croce verbindet, wendet alljährlich am 1. So. im Sept. die Regata Storica. Ebenfalls von Miozzi erbaut wurde die hölzerne **Accademiabrücke** (1933), von der sich ein herrlicher Ausblick auf **Santa Maria della Salute** (1631–1681) am Eingang des Canal Grande eröffnet. Zu den Kunstwerken der Pestkirche gehören „Das Pfingstwunder" (1546) von Tizian und Tintorettos „Hochzeit von Kanaa" (1561). San Giorgio, die Insel gegenüber vom Markusplatz, dominiert ein Kloster, für das Palladio die Kirche **07 San Giorgio Maggiore** samt Kreuzgang erbaut hat (1566). Den Chor zieren zwei Gemälde von Tintoretto, der „Mannaregen" (1594) und „Das Abendmahl" (1594). Zur Aussichtsplattform des 75 m hohen Campanile saust ein Aufzug – am schönsten ist der Blick auf San Marco am Nachmittag! Die Seufzer der Verurteilten gaben der berühmten **08 Ponte dei Sospiri** ihren Namen. Die steinerne Brücke verbindet seit dem 17. Jh. den Dogenpalast mit dem Staatsgefängnis, in dem auch Casanova inhaftiert war – und zu Allerheiligen 1756 auf spektakuläre Weise entfloh. Weiter gen Osten führt eine der schönsten Promenaden der Stadt: die **09 Riva degli Schiavoni**. Kreuzfahrt- und Kriegsschiffe liegen hier am Kai, Karussells drehen sich im Kreis, und immer wieder klicken Kameras. Das **10 Arsenale** war einst die größte Werft der Welt. Bereits im 14. Jh. wurden hier Schiffe in Serie hergestellt. 27 Dogen und reiche Patrizier haben in der gotischen Dominikanerkirche **11 Santi Giovanni e Paolo** (1234–1430) ihre letzte Ruhestätte gefunden. Als eines der Hauptwerke bildhauerischen Schaffens in der Renaissance gilt das **Reiterstandbild** von Bartolomeo Colleoni auf dem weitläufigen Kirchplatz, das der Florentiner Verrochio im Jahr 1488 geschaffen hat. Ebenfalls an einem stimmungsvollen Platz erhebt sich die Renaissancekirche **San Zaccaria** (14./15. Jh.), deren Hauptattraktion im Innern das Gemälde „Sacra Conversazione" (1505) von Giovanni Bellini ist.

Tipp

Preisgünstig durch Venedig

Wer Venedig wirklich ausgiebig kennen lernen möchte, der kann mit der Venice Card (12 Stunden ab 18,50 Euro, 48 Stunden ab 33,90 Euro, 7 Tage ab 55,90 Euro) sparen. Die Touristenkarte gibt es in zwei Versionen. Die Venice Card Orange verbindet die freie Fahrt im Nahverkehr mit kostenlosem Eintritt in zehn Museen und 16 Kirchen, die Venice Card Blue bietet stattdessen Rabatte bei Restaurants, Tickets und Gratisnutzung der öffentlichen Toiletten. Wer jedoch nur preiswert mobil sein möchte, der ist mit den Tages- und Mehrtagestickets der ACTV besser aufgehoben.

www.venicecard.it, www.hellovenezia.com

Tipp

Gondel – gar nicht teuer

Wer einmal eine Gondelfahrt erleben will, ohne sie teuer bezahlen zu müssen, kann bei San Marcuola, Santa Sofia, San Tomà, San Samuele, Santa Maria del Giglio und Dogana die Gondole Traghetti besteigen, die im Fährdienst den Canal Grande überqueren.

Die Überfahrt zum anderen Ufer kostet nicht einmal zwei Euro.

MUSEEN Pinakothek und Sammlungen zur städtischen Geschichte vereint das 01 **Museo Civico Correr** (Piazza San Marco, Nov.–März 9.00–17.00, Apr.–Okt. 9.00–19.00 Uhr, www.museicivicivenezianі.it). In der im Jahr 1553 von Sansovino errichteten Libreria Vecchia (Alte Bibliothek) zeigt das 01 **Museo Archeologico Nazionale** (Piazza San Marco, tgl. 9.00–14.00 Uhr, http://sbmp.provincia.venezia.it) griechische und römische Skulpturen.

Im 01 **Museo Marciano** (Piazza San Marco, tgl. 9.45–17.30, Nov.–März bis 16.30 Uhr) lässt sich das Original der Quadriga (4. Jh.) vom Markusdom bewundern; die Kirche schmückt heute eine Kopie des einzigen erhaltenen antiken Viergespanns aus vergoldeter Bronze. Textilkunst vom Feinsten zeigt das 12 **Museo Fortuny** (Campo San Beneto, www.museicivicivenezіano.it, Di.–So. 10.00–18.00 Uhr); Zeugnisse der venezianischen Marine birgt das 13 **Museo Storico Navale** (Castello 2148, Arsenale, Riva S. Biasio, Mo.–Fr. 8.45–13.30, Sa. bis 13.00 Uhr, www.arina.difesa.it/venezia/index.asp).

Zu den Schätzen der 14 **Pinacoteca Querini-Stampalia** (Castello 4778, nahe Campo Santa Maria Formosa, Di.–So. 10.00–18.00 Uhr, www.querinistampalia.it) gehören Giovanni Bellinis „Darbringung im Tempel" (um das Jahr 1460) sowie venezianische Gesellschaftsbilder aus dem 18. Jh. von Pietro Longhi.

MUSIK UND THEATER Größtes und bekanntestes Opernhaus Venedigs ist das 15 **Teatro La Fenice** (Campo San Fantin, www.teatrolafenice.it). Nachdem es während Restaurierungsarbeiten 1999 bis auf die Grundmauern niedergebrannt war, wurde es 2003 als Konzertsaal, 2004 als Oper wieder im barocken Glanz eröffnet. Kleinere Opernproduktionen werden im **Teatro Malibran** (Campiello Malibran, www.teatrolafenice.it/static/altre_sedi_malibran.php) aufgeführt, traditionelle Komödien von Carlo Goldoni im venezianischen Dialekt im **Teatro Stabile del Veneto Carlo Goldoni** (San Marco 4650 b, www.teatrostabileveneto.it) gespielt. **Fondamenta Nuove** (Fondamenta Nuove, Cannaregio 5013, www.teatrofondamentanuove.it) nennt sich eine experimentierfreudige Bühne für Theater und Tanz der Gegenwart. Werke venezianischer Komponisten wie Antonio Vivaldi präsentiert das Kammerorchester **Interpreti Veneziani** (www.interpretiveneziani.com) in der Kirche San Vidal. In Kostümen des 17. Jh. konzertiert das Orchester **I Musici Veneziani** (www.imusicivenezianі.com) in der mit Fresken geschmückten Haupthalle der Scuola di San Teodoro von San Marco. Hörenswert sind auch die Konzerte des 1993 gegründeten Kammerorchesters **Collegium Ducale** (www.collegiumducale.com), das Instrumentalwerke aus Barock, Klassik und Romantik im Palazzo delle Prigioni sowie in der Kirche Santa Maria Formosa zu Gehör bringt. Auch im **Palazzo Pisani**, Sitz des Städtischen Konservatoriums (www.conseve.it), erklingen regelmäßig Konzerte.

VERANSTALTUNGEN Wichtigstes Ereignis im Jahreslauf ist der **Karneval** (www.carnevale.venezia.it), der 14 Tage vor Aschermittwoch mit Stehgreifbühnen und Artisten auf dem Markusplatz und traumhaft verkleideten Akteuren in der ganzen Stadt gefeiert wird. Die **Biennale** (www.labiennale.org) von Venedig, eine der wichtigsten Kunstausstellungen weltweit, wird alle ungraden Jahre zwischen Juni und November veranstaltet. Präsentiert werden längst nicht nur Kunst, sondern auch Musik, Theater, Film, Tanz und Architektur. Größtes pompöses Spektakel unter den traditionellen Festen ist die **Regata Storica** alljährlich am 1. Sonntag im September mit prachtvoll geschmückten Gondeln, die sich auf dem Canal Grande ein Wettrennen liefern. Populär ist auch der Volkslauf **Su e zo per i ponti** (die Brükken hinauf und hinunter) im März.

EINKAUFEN Venedigs Shoppingmeile für Markenmode heißt **Calle delle Mercerie**. Sie verbindet San Marco mit Rialto und lockt mit Boutiquen von Max Mara, Sergio Rossi, Cartier, Krizia, Gucci und Louis Vuitton. Auf der **Calle XXII Marzo** sind Bulgari, Bruno Magli, Versace und Damiani vertreten, und auch in der **Calle Vallaresso** drängen sich die Designerboutiqen. **La Fenice** ist das Viertel der Antiquitätenhändler. Für echtes Muranoglas oder handgeklöppelte Buranospitze sollte man jedoch die beiden Laguneninseln aufsuchen. Im Sestiere San Polo werden die berühmten venezianischen **Masken** noch handgefertigt. Ein wahrer Meister seines Fachs ist Alberto Sarria (Ruga Vecchia San Giovanni 777, www.masksvenice.com). Kunstvolle Masken finden Karnevalsliebhaber auch in der Bottega dei Mascareri (Ruga degli Orefici 80) der Brüder Sergio und Massimo Boldrin. Die Türken brachten die Kunst des Marmorierens in die Lagunenstadt – zu den Top-Adressen für handbedrucktes **Marmor-Papier** gehört die Legatoria Piazzesi (Campiello della Feltrina, www.legatoriapiazzesi.it) und Alberto Valese-Ebru (Campo Santo Stefano, www.albertovalese-ebru.com). Ein schönes Mitbringsel für Kinder sind die handgeschnitzten **Pinocchio-Puppen** von Augusto Mazzon (Ca' Rezzonico D. D. 2783).

ESSEN UND TRINKEN Eine Art Sündenbabel für Schlemmermäuler ist die Konditorei €€ **Marchini** (San Marco 676, Spadaria, Tel. 04 15 22 91 09) mit ihren Torten, Strudeln und anderen süßen Leckereien. Zu den Lieblingstreffs der Einheimischen gehört das €/€€ **Antico Caffè Rosa Salva** (Castello 6779, Tel. 04 15 22 79 49). Seit 70 Jahren bei Gourmets beliebt ist €€€ **La Colomba** (San Marco 1665, Piscina di Frezzeria, Tel. 04 15 22 11 75, www.sanmarcohotels.com). In

Tipp

Lecker! Antipasti veneziani

Genießen Sie Venedig auch mit dem Gaumen! „Baccalat mantecato" etwa ist eine Stockfischcreme, die auf gerösteten Weißbrotscheiben als Häppchen zum Wein serviert wird, „Sarde in saor" ist eine beliebte Vorspeise aus sauer eingelegten Sardinen mit Zwiebeln, Rosinen und Pinienkernen.

Panini, Tramezzini & Co. gibt es in Venedig fast überall – einfach probieren!

Teatro La Fenice: das älteste, bekannteste – und schönste – Opernhaus Venedigs

der €€/€€€ **Osteria di Santa Maria** (Via Castello 5911, Tel. 04 15 28 52 39) servieren Agostino Doria und Danilo Baldan delikate Küche: Carpaccio aus Lachs und Schwertfisch, Krebsfleisch mit Rucola und Steinpilzen – zum Dessert Zitronencreme mit Lakritzsoße oder fruchtig-frische Sorbets.
Echte Nostalgiker trinken ihn mit Champagner statt Prosecco: den „Bellini", kreiert von Giuseppe Cipriani in €€ **Harry's Bar** (San Marco 1323, Calle Vallaresso, Tel. 04 15 28 57 77, www.cipriani.com) in Venedig Anfang der 1940er-Jahre. Danach entdeckten Künstler und Schriftsteller die Bar: Orson Welles und Truman Capote schlürften hier ihre Drinks, Ernest Hemingway verewigte sie sogar in seinem Roman „Über den Fluss und in die Wälder". Mehr Spaß macht ein „Bellini" heute allerdings im €€ **Centrale** (San Marco 1659/B, Piscina di Frezzeria, Tel. 04 12 96 06 64): Man betritt die Bar von der Gasse, lässt sich Sekt und Pfirsich zum Kult-Cocktail mixen – und verlässt sie später vom hauseigenen Anleger am Rio dei Barcaroli per Wassertaxi – da fällt einem das eigene Schwanken dann kaum auf …

Tipp

Venedig bei Nacht

Nachts liegt ein ganz besonderer Zauber über der Lagunenstadt. Die Tauben vom Markusplatz schlafen, aus den Ristoranti und Cafés dringt Lachen und leise Musik. Plätze und Brücken entfalten ihren stillen Charme, in den Gassen hallen die Schritte, Verliebte spazieren Hand in Hand, mystisch entrückt wachen die Palazzi – jetzt ist Venedig wahrhaftig eine Traumstadt: zum Träumen schön und doch (immer noch) sehr real.

UNTERKUNFT Exklusivstes Hotel ist der €€€€ **Gritti Palace** (Campo S. Maria del Giglio, Tel. 041 79 46 11, www. hotelgrittivenice.com) am Canal Grande, der 1925 als Palazzo für den damaligen Bürgermeister Andrea Gritti erbaut wurde. Erschwinglicher als die Luxusgemächer, in denen Königshäupter und Hollywoodstars gerne nächtigen, ist ein Essen auf der Bellavista-Terrasse mit Paradeblick auf den Kanal. Fürstliche Opulenz prägt auch das €€€ **Hotel Giorgione** (SS. Apostoli 4587, Tel. 04 15 22 58 10, www.hotelgiorgione.com), das im 19. Jh. in einem einstigen Süßwarenlager entstand. Eleganten Komfort, Ruhe und schöne Ausblicke verbindet das €€€ **Hotel De l'Alboro** (San Marco 3894 b, Tel. 04 15 22 94 54, www.alborohotel.it).

INFORMATION
Uffici Informazioni (APT)
S. Marco, 71/f, I-30124 Venezia
Tel. +39 041 529 87 11
info@turismovenezia.it
www.turismovenezia.it

Nicht versäumen!

KULTUR

„Schönster Festsaal Europas"
Die Piazza San Marco war jahrhundertelang das geistliche, gesellschaftliche und politische Zentrum der Republik, gesäumt von Dogenpalast, Prokuratien und dem Markusdom – Macht, in Marmor gefasst.

TOPZIEL Siehe Nr. 01

KULTUR

Wo der Apostel begraben ist
Der Markusdom wurde 832 geweiht, aber erst 1094 für die Gebeine des Apostels Markus im byzantinischen Stil mit fünf Kuppeln vollendet. Zur Innenausstattung gehören weltberühmte Kunstschätze wie das Altarbild Pala d'Oro.

TOPZIEL Siehe Nr. 02

KULTUR

Das Zentrum der Macht
Der Palazzo Ducale wurde als Holzfestung errichtet, zum gotischen Palast umgebaut, war Sitz der Dogen, der Regierung der Serenissima sowie der Jurisdiktion – den Versammlungssaal des Großen Rates schmückt Tintorettos „Paradies".

TOPZIEL Siehe Nr. 03

ERLEBEN

Mit dem Boot durch Venedig
Am Bacino di San Marco beginnt eine 3,8 km lange Schaustrecke venezianischer Baukunst, die sich am besten an Bord eines Vaporetto oder einer Gondel erleben lässt. Während der Fahrt gleiten die Boote unter drei Brücken hindurch.

TOPZIEL Siehe Nr. 04

ERLEBEN

Rialtobrücke sehen und Erleben
Älteste und berühmteste der drei den Canal Grande überspannenden Brücken ist die Rialtobrücke, die auf rund 12 000 Eichenstämmen ruht. Ein idealer – wenngleich meist stark frequentierter – Ort, um Venedig auf sich wirken zu lassen.

TOPZIEL Siehe Nr. 05

380
CANTINE del VINO
992

Vom Rhythmus der Lagunenstadt

Alltag in Venedig: Immer mehr Einwohner verlassen die Altstadt, immer mehr Geschäfte schließen, immer mehr Motorboote ersetzen die traditionell schwarzen Gondeln. Doch diese Vision vom Ende, vom unausweichlichen Untergang der Lagunenstadt gehört ebenso zu ihrem Alltag wie das bunte Treiben des Carnevale, das uralte Handwerk der Gondelbauer und das älteste Getto der Welt.

Wahrer Luxus wäre es, in Venedig zu sein und sich nichts ansehen zu „müssen", sondern Zeit zu haben, um zu flanieren und einzukehren etwa in eine Weinbar irgendwo im Nirgendwo …

01

VINI ROSSI
CABERNET 0,60
MERLOT 0,60
RABOSO 0,80
REFOSCO 1,00
VINI BIANCHI
PINOT BIANCO 0,60
MINI
€ 0,90

02

Nachts um drei, wenn die Touristen noch müde die Hotels bevölkern, nehmen die Gemüsebauern von Sant' Erasmo Kurs auf Venedig. Um halb vier läuft die Milchflotte aus. Zuerst geht es zum Großmarkt an der Piazzale Roma, dann werden die Gemüsestände und -läden in der Lagunenstadt versorgt. Während der Rushhour der Lastkähne rumpeln die Handkarren der Stadtreinigung durch die Gassen, um den Müll des Vortages einzusammeln, der in Säcken und Tüten verpackt vor den Haustüren und Hotels steht. Tagtäglich werden rund 160 Tonnen davon auf die Müllschiffe verladen, in denen der Abfall auf je 5000 Tonnen zusammengepresst wird. Kahn um Kahn gleitet den Canal Grande hinab.

Lustvolles Labyrinth

Vor der Hauptpost stapelt ein „Postino" Pakete und Briefe in einen Lastkahn – der Postbote gehört zu den wenigen, die Durchblick haben im Straßengewirr. Denn: Als die Habsburger 1801 auch in Venedig die Hausnummern einführten, wählten sie ein System, dass Auswärtige heute verzweifeln lässt. Ohne Rücksicht auf Straßenzüge oder Plätze wurden sämtliche Häuser durchnummeriert – 29 254 Hausnummern gibt es im gesamten Centro Storico, und auch innerhalb der Grenzen der einzelnen „Sestieri" ist die Nummerierung streng und unerbittlich. San Marco beispielsweise beginnt mit Nummer eins am Dogenpalast und endet mit Nummer 5562 neben der Rialtobrücke. Die Aufgabe des Briefträgers ist somit ganz einfach: Er fängt bei Nummer eins an und macht weiter, bis er fertig ist … Wer nicht in Venedig geboren ist, dem hilft der Blick auf die vierstellige Hausnummer indes kaum weiter. Da bleibt nur eins: sich lustvoll in diesem Labyrinth treiben zu lassen.

Das älteste Getto der Welt

1516 wurde den Juden in Cannaregio das Gelände einer ehemaligen Gießerei (ital. „getto") für Kanonenkugeln als Wohnge-

01 *Gemüsebauern versorgen per Boot die Stadt*
02 *Wegzehrung am Campo dei Tolentini*
03 *Auch ein Handwerk: das Spiel mit den Masken*
04 *Quo vadis?*

Die Sehenswürdigkeiten sind nur ein kaum wahrnehmbarer Hintergrund in weiter Ferne – oder eine Spiegelung auf einer Sonnenbrille.

biet zugewiesen – ein Vorland, bewachsen mit Schilf („canna regio“), das wegen des sumpfigen Grundes nicht gegen Hochwasser geschützt werden konnte. Zwei Brücken gewährten Zugang zum „Getto Nuovo“, dem ältesten Getto der Welt. Sämtliche Türen und Fenster durften nur nach innen gerichtet sein; und schon bald mussten die hohen, schmucklosen Häuser aufgestockt werden, um den Zustrom von Flüchtlingen zu bergen, die fortan hinter einer hohen Mauer lebten. Ihre beiden Tore wurden bei Einbruch der Dunkelheit geschlossen – und an christlichen Feiertagen erst gar nicht geöffnet. Auf ihr volles Bürgerrecht mussten die venezianischen Juden bis zum Jahr 1848 warten. Heute leben noch rund drei Dutzend Juden im Getto. Dazu gehören ein paar koschere Geschäfte, traditionelle Kunsthandlungen und das jüdische Museum, das Führungen durch die Synagogen anbietet.

Eine Gondoliera? Niemals!

Nicht aus dem alltäglichen Stadtbild wegzudenken sind die Männer, die in ihren Streifenhemden und mit dem Strohhut die schwarze Gondeln durch die Kanäle steuern. Im April 2007 gelang es einer Deutschen, die älteste italienische Männerbastion zu stürmen. Das war eine doppelte Sensation: Seit Gründung der exklusiven Gondolierevereinigung im Jahr 1094 gab es noch nie eine Frau unter den 425 Mitgliedern – und jetzt gelang die Revolution sogar einer Ausländerin! Ein Skandal! Venedig war fassungslos – und Andrea Hai stolz: Zehn Jahre lang hatte sie für ihren Traumberuf gekämpft, viermal die Prüfung wiederholt – nun steuert sie für eine Hotelkette deren private Gondel. Unterstützung erhielt Andrea Hai vom Ruder-Champion und Gondelbauer Crea Vianello, der eigens für sie eine Gondel anfertigte. Nur „Gondoliera“ darf sich die 35-Jährige nicht nennen – noch nicht. Denn Gondeln zu steuern, ist eine sehr lukrative Tradition: Mehr als 5000 Euro bringen die Männer im Monat nach Hause. Deshalb will man(n) in die Berufung gehen – und notfalls bis zum höchsten italienischen Gericht.

Der Meister der Forcola

Gesteuert wird eine Gondel über die Forcola am Heck. Wie die ellenförmige Ruderhalterung aus Kirsch- oder Walnussholz geschnitzt werden muss, damit über die Rundungen und Ausbuchtungen die insgesamt sieben Tempi vom Anlegen bis zur Schnellfahrt gesteuert werden können, ist ein in Fachkreisen gut gehütetes Geheimnis. Als Meister seines Fachs gilt heute Saverio Pastor, der 1958 in Venedig geboren wurde, bei Giuseppe Carli das alte Hand-

01 *Kanal am Campo San Pantalon*
02 *Koscherer Laden in Cannaregio*
03 *Paare, Passanten, „Sights“: alles im Blick …*

01

TTICA VENEZIANA
RNITURE PRODOTTI ITTICI
TEL 041 - 5238820

02

VALENTINO JEANS

03

werk erlernte und mit seiner Firma „Spazio Legno" offizieller Forcola-Lieferant der Comune di Venezia ist. Nummeriert und signiert, sind seine formschönen Forcole auch bei Sammlern als Kunstwerk beliebt.

Lüsterne Adlige und neugierige Blicke

Den Bug jeder Gondel ziert seit Jahrhunderten das „Ferro" – ein Metallschild mit der Mütze des Dogen und den sechs Zacken der Sestieri: San Marco, die Insel Giudecca, San Polo, Cannaregio, Castello und Santa Croce. Nur noch auf historischen Gemälden zu bewundern ist dagegen die „Felze" – ein hölzerner Aufbau mit halbrundem Dach, der im Sommer die Gondelgäste vor der Sonne, im Winter vor Regen und Kälte – und das ganze Jahr hindurch lüsterne englischen Adlige wie Lord Byron samt Begleitung vor neugierigen Blicken schützte.

Dass die Gondelkabine nicht völlig in Vergessenheit geriet, ist der Verdienst von „El Felze": In dieser Vereinigung zum Erhalt der Gondelkultur sind alle Gewerbe mit ihren Zulieferern vereint, die innerhalb von vier Monaten aus 280 Einzelteilen eine Gondel bauen: die *Squerarioli* (Bootsbauer), die *Ottonai* und *Fonditori* (Schlosser), die *Intagiadori* (Kunstschnitzer), *Remeri* (Forcola-Schnitzer), *Tapessieri* (Polsterer), *Caleghieri* (Schuhmacher), *Fravi* (Ferro-Schmiede), *Indoradori* (Vergolder) sowie die *Bareteri* (Hutmacher) und *Sartori* (Schneider).

Schwarz gleitet die Gondel in die Nacht

Einst waren die Gondeln bunt bemalt und mit Gold belegt. Um dieser Prunkentfaltung Einhalt zu gebieten, wurde 1562 per Dekret die Farbe Schwarz für alle Gondeln vorgeschrieben. Heute wagen sich indes auch grelle Gondeln in Gelb auf die Kanäle – doch die werden rasch als Imitate aus glasfaserverstärktem Kunststoff enttarnt.

Mystisch schön: Palazzo um Palazzo

Das erste Vaporetto nahm 1881 seinen Liniendienst auf – die „Regina Margherita"

01 – 04 *Auf dem Rialtomarkt wird seit eh und je Obst und Gemüse von den umliegenden Inseln verkauft, Fisch und Meeresgetier sowie vieles andere mehr*

01

02

03

04

„Venedig war die Stadt meiner Träume, und alles, was ich sah, übertraf meine Erwartungen …“ George Sand

01 *„Busfahren“ à la Venedig:warten aufs Vaporetto*
02 *Joggen über Stock und Stein*
03 *Die engen Gassen haben auch ihre Vorteile …*
04 *Ein Hundeleben?*

01

02

Das Spiel mit den Masken

„Was nun die Sünde betrifft, so findet man in Venedig allenthalben Masken", meinte Jean Giono, der die Wirkung einer solchen Maske auch an sich selbst ausprobierte und dabei feststellte, „dass diese Maske mich unnahbarer machte und mein offenes Lachen in ein zweideutiges Lächeln verwandelte. Was für ein grandioses Spiel mit dem Alltag!"

„Carne vale" – „Fleisch lebe wohl!"

Die Geschichte der berühmten venezianischen Masken ist mehr als 700 Jahre alt. Bereits Ende des 13. Jahrhunderts wurden die ersten „mascheri" aus Papier, Mehlkleister, Mull und Farben hergestellt. Prompt reagiert die Serenissima mit einem Vermummungsverbot: Im Schutz der Masken seien Diebstahl und Betrug in die Stadt eingezogen. Doch das Verbot fand keine Resonanz – auch in den nachfolgenden Jahrhunderten nicht. Erst im 17. Jahrhundert gab es Lockerungen, durften die Masken von Anfang Oktober bis Aschermittwoch getragen werden, niemals jedoch in Kirchen. Als Napoléon 1797 die Stadt einnahm, verbot er den Karneval kurzerhand – erst 1979 wurde das Spektakel wieder zum Leben erweckt, das heute ein wichtiges touristisches Zugpferd der Stadt ist. „Diese Verkleidungen eröffnen jede Gelegenheit für eine Unmenge an Liebesabenteuern, denn die Amouren von Venedig sind intrigenreicher als in irgendeinem anderen Land": So hat Joseph Addison zu Beginn des 18. Jahrhunderts den venezianischen Karneval erlebt und in seinen „Remarks on Several Parts of Italy" festgehalten. Auch Goethe war fasziniert – das Ausgabenbuch zu seiner „Italienischen Reise" verzeichnet unter dem 29. September 1786 den Kauf von Hut und Maske.

Als venezianischste aller Masken gilt die „Maschera Nobile", die erst seit 1756 auch von Frauen getragen werden darf. Sie besteht aus dem schwarzen Seidenmantel („Tabarra"), der – den gesamten Kopf bis zu den Schultern bedeckenden – Kappe („Bauta"), der weißen Wachsmaske („Volto") und einem schwarzen Hut mit weißen Federn.

Die zweite große Gruppe der Masken stellten die Figuren der Commedia dell'Arte: der liebenswürdige Traumtänzer Arlecchino, der intrigante Brighella, die schlaue Dienerin Colombina, der einfältige Diener Pulcinella sowie der venezianische Kaufmann Pantalone, der Dottore und der Capitano.

Eine Sonderstellung unter den traditionellen Masken nimmt die schwarzsamtene „Moretta" ein, die mit dem Mund gehalten wird. Sie soll gern von Männern ihren geschwätzigen Frauen geschenkt worden sein …

„Wer sich amüsiert, macht keine Revolution", meinten die Behörden einst im amüsierfreudigen Venedig

chauffierte die Gäste des damaligen Geografiekongresses über die Kanäle. Beliebteste Vaporetto-Linie ist die Nummer 1. Langsam schippern die Boote den Canal Grande entlang, während wie von Zauberhand nach einer Biegung Palazzo um Palazzo mystisch schön aus dem Wasser aufragt.

Auf den Spuren der Kurtisanen

Mehr als zehntausend Kurtisanen sollen einst in der weltoffenen Handelsstadt gelebt haben. Als Wohngebiet wies ihnen die Serenissima ein offizielles Rotlichtviertel im Sestiere San Polo zu. Nur wenige Schritte von der Rialtobrücke entfernt, konnte man sie dort mit entblößten Brüsten am Fenster sitzen sehen. Berühmt für dieses – kostenlose – Spektakel war die „Ponte delle Tette" (Busenbrücke) über den Rio Terrà delle Carampane. Zwar war das Leben der Kurtisanen durch Gesetze eingeschränkt – zum Beispiel durften sie nur am Sonnabend durch Venedig bummeln – ihre „Verbindung" zu angesehenen, hoch stehenden Persönlichkeiten machte sie jedoch oft selbst zu einflussreichen Mitgliedern der Gesellschaft.

Kein Abgesang mit Brot und Tulpen

Die Klage über den Verfall der Stadt, ihr bald bevorstehendes Ende ist vielleicht schon so alt wie Venedig selbst. Doch noch gibt es sie, die Venezianer und die sesshaften Ausländer, die den (all)täglichen Wahnsinn der Serenissima mit Leidenschaft und Humor (er)leben – unnd nicht missen wollen. So wie Rosalba Barletta, die als frustrierte Hausfrau mittleren Alters auf einer Busreise „vergessen" wird, per Anhalter nach Venedig fährt, dort mehr als nur dem Flair der Lagunenstadt verfällt – und in Silvio Soldinis Filmkomödie „Pane e Tulipani" (Brot und Tulpen) im Kino ein Millionenpublikum begeisterte. Gedreht wurde der Erfolgsstreifen mitten in den volkstümlichen Vierteln – die Sehenswürdigkeiten sind nur ein kaum wahrnehmbarer Hintergrund in weiter Ferne – oder eine Spiegelung auf einer Sonnenbrille.

01 *Die Helden der Kanäle: Gondolieri*
02 *Die schlanke Barke, „la Gondola", ist das ideale Gefährt für die Aquastadt*

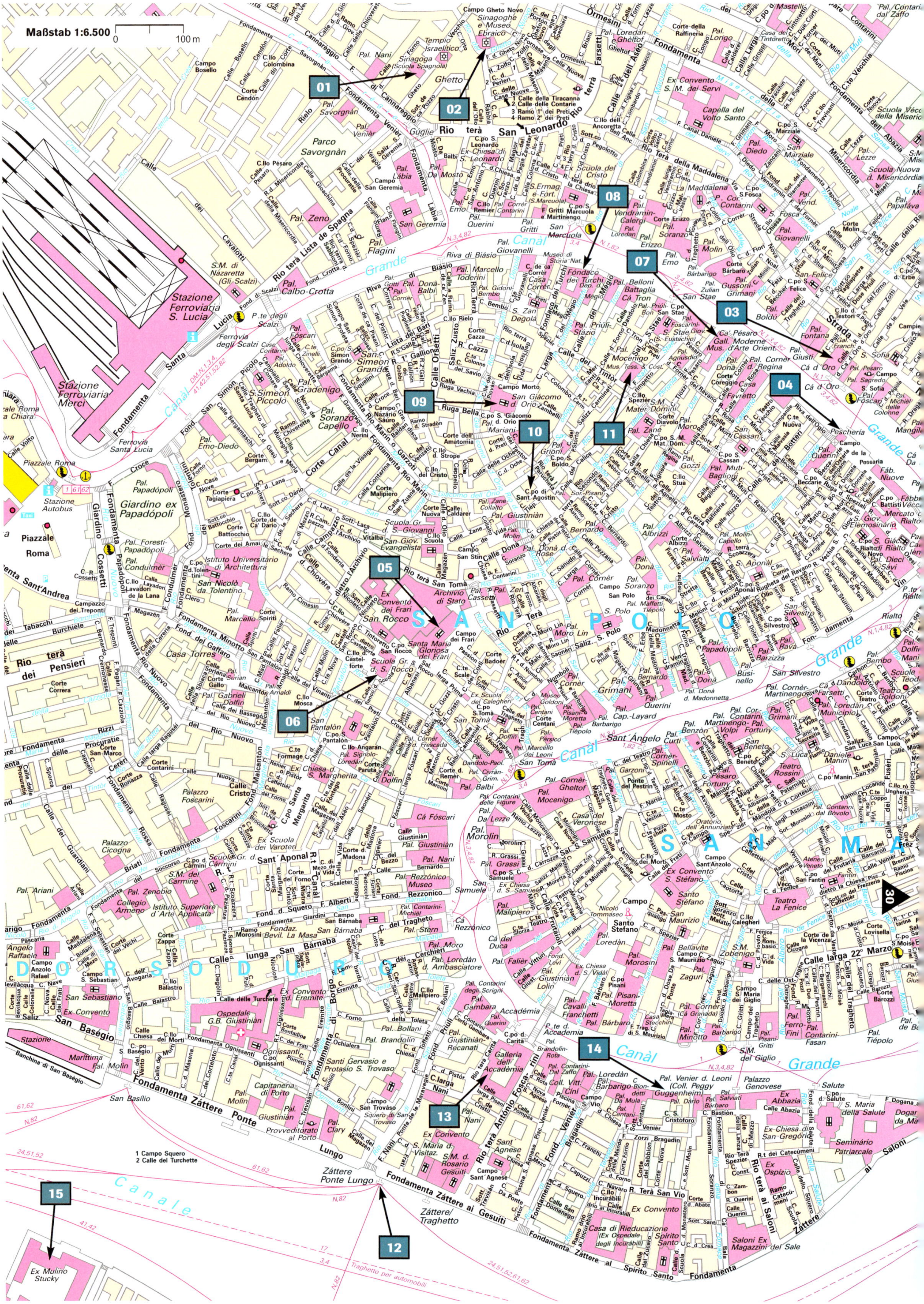

Maßstab 1:6.500
0
100 m
01
02
03
04
05
06
07
08
09
10
11
12
13
14
15
30
Canal Grande
Canale
Cannaregio
San Polo
San Marco
Dorsoduro
Stazione Ferroviaria S. Lucia
Stazione Ferroviaria Merci
Piazzale Roma
Stazione Autobus
Giardino ex Papadópoli
Parco Savorgnàn
Ghetto
Campo Ghetto Novo
Sinagoghe e Museo Ebraico
Tempio Israelitico
Sinagoga (Scuola Spagnola)
Rio terà San Leonardo
Rio terà Lista de Spagna
Fondamenta Santa Lucia
Ferrovia degli Scalzi
S.M. di Nazaretta (Gli Scalzi)
P.te degli Scalzi
Pal. Labia
San Geremia
Pal. Flangini
Pal. Calbo-Crotta
Riva di Biàsio
Strada Nova
Cà d'Oro
Pescheria
Rialto
Ponte di Rialto
Fòndaco dei Turchi
Pal. Vendramin-Calergi
Cà Pésaro
Gall. Moderne Mus. d'Arte Orient.
Campo San Giacomo d. Orio
Ruga Bella
Scuola Gr. di S. Giovanni Evangelista
Archivio di Stato
Ex Convento dei Frari
Santa Maria Gloriosa dei Frari
Scuola Gr. d. S. Rocco
Campo San Polo
Campo S. Margherita
Cà Fòscari
Cà Rezzònico
Pal. Grassi
Campo Santo Stefano
Teatro La Fenice
Calle larga 22° Marzo
Gall. dell'Accademia
Accademia
Pal. Venier d. Leoni (Coll. Peggy Guggenheim)
S. Maria della Salute
Seminàrio Patriarcale
Saloni Ex Magazzini del Sale
Fondamenta Zàttere ai Gesuiti
Fondamenta Zàttere al Spirito Santo
Fondamenta Zàttere Ponte Lungo
Zàttere Ponte Lungo
Zàttere/Traghetto
San Basilio
Stazione Marittima
San Sebastiano
Angelo Raffaele
Ospedale G.B. Giustinian
Santi Gervasio e Protasio S. Trovaso
Squero di San Trovaso
Ex Mulino Stucky
Traghetto per automobili
Canale
1 Campo Squero
2 Calle del Turchette

Die Stadt der Sinne

„Italien", soll Anna Achmatova einmal gesagt haben, „ist ein Traum, der für den Rest deines Lebens immer wiederkehrt." Für Venedig gilt das ganz bestimmt: Beim ersten Mal ist alles noch ganz einfach und schwierig zugleich: aufregend neu und im Grunde viel zu viel, um mit dem Staunen fertig zu werden. Da werden Sehenswürdigkeiten „abgehakt" – all das, was den Mythos der Wunderstadt auf dem Wasser ausmacht. Spätestens beim zweiten Mal will man wiederkommen: immer wieder.

01 – 15 VENEDIG

Prunkvolle Palazzi und versteckte Synagogen, altes Handwerk und buntes Markttreiben, Szenebars und Bàcari: In den Sestieri Cannaregio, San Polo, Santa Croce, Dorsoduro und auf der Giudecca präsentiert sich Venedig, wie es leibt und lebt.

SEHENSWERT Am 29. März 1516 schuf der Senat von Venedig in **Cannaregio** das erste Judengetto der Welt. Seinen Mittelpunkt bildet der **Campo de Ghetto Novo** mit hohen, schmucklosen Häusern, auf dem eine Bronzetafel von Arbis Blatas an den Holocaust erinnert. Da es den Juden verboten war, ihre Gotteshäuser auf venezianischem Grund zu bauen, fallen ihre Synagogen, „Scuole" genannt, im Stadtbild nicht auf: Sie ähneln Wohnhäusern oder wurden auf deren Dächern errichtet. Die beiden schönsten Synagogen liegen am **Campiello delle Scuole**: die **Scuola Levantina** (1541), deren reich geschnitztes Lesepult der Bildhauer Andrea Brustolon gestaltete, und die **01 Scuola Spagnola** (1580). Die größte der einst neun venezianischen Synagogen wurde 1635 von Barockbaumeister Baldassare Longhena umgestaltet. Jüdische Leckereien kann man beim Panificio Volpe in der **Calle del Ghetto Vecchio** 1143 kosten, koschere Kost serviert das Restaurant Gam-Gam am **Canale di Cannaregio**. Ein schöner Spaziergang führt vorbei an der **Ponte dei Trei Archi**, Venedigs einziger Dreibogenbrücke, und der Kirche San Giobe aus der Frührenaissance zum Ende des Kanals, wo sich ein fantastisches Panorama auf die nördliche Lagune eröffnet.

Das Geschäfts- und Bankenviertel **San Polo** am Rialto (venez. „hohes Ufer") bildet den betriebsamen geografischen Mittelpunkt des Centro Storico. Hier lebt das alte Venedig: glanzvoll und volkstümlich, grandios und morbid. Ein Muss am Morgen ist der Besuch des Fischmarktes. Unter den neogotischen Arkaden der **04 Pescheria** am Canal Grande werden täglich außer Sonntag und Montag ab sechs Uhr früh frischer Fisch und Meersfrüchte verkauft – die Atmosphäre ist einzigartig! Obst und Gemüse gibt es bei den Marktständen in den umliegenden Gassen. Berühmtestes Kunstdenkmal des Viertels, in dem Carlo Goldoni (1707 – 1793) geboren wurde, ist die monumentale gotische Pfeilerbasilika der Franziskaner, **05 Santa Maria Gloriosa dei Frari** **TOPZIEL** (1338 bis 1443; Mo.–Sa. 9.00–18.00, So. 13.00 bis 18.00 Uhr, www.basilicadeifrari.it), die hinter ihrer schlichten Backsteinfassade ein prachtvolles Inneres birgt – mit 15 prunkvollen Grabstätten (darunter vier Dogen, Claudio Monteverdi und Tizian) und bedeutenden Kunstwerken von Giovanni Bellini, Vivarini, Donatello und Tizian. Letzterer malte für die Ordenskirche das für die damalige Zeit ungewöhnlich große Altarbild „Mariä Himmelfahrt" (1518). Tizians größter Konkurrent war Tintoretto – er schuf in der westlich von der Frarikirche liegenden **06 Scuola Grande di San Rocco** **TOPZIEL** (1549; tgl. 9.00–17.00 Uhr) zwischen 1564 und 1577 insgesamt 56 Decken- und Wandgemälde. Besonders schön: der Marienzyklus in der Säulenhalle des Erdgeschosses, in der einst Arme und Kranke versorgt wurden.

Von Touristen nur wenig besucht ist das beliebte Wohnviertel der Venezianer, **Santa Croce**. Hauptattraktionen des Quartiers, das sich von dem mit Mestre verbundenen Großparkplatz Piazzale Roma bis zum Bahnhof erstreckt, sind seine Prachtbauten am Westufer des Canal Grande: der barocke Palast **07 Ca' Pesaro** (1628) von Baldassare Longhena, die **Ca' Rezzonico** (1680, 1745), der **Palazzo Corner della Regina** (1724) von Domenico Rossi und der **08 Fondaco dei Turchi** (12. Jh., im 19. Jh. restauriert), einst Residenz der türkischen Kaufleute und heute ein naturgeschichtliches Museum. Eindrucksvoll sind auch die barocken Palazzi Soranzo-van Axel (1473 – 1479) und Gradenigo (17. Jh.) am Rio Marin. Die Kirche **09 San Giacomo dell'Orio** (9. Jh., 1225) am gleichnamigen Platz erhielt ihren Namen von einem Lorbeerbaum (ital. „alloro"), der einst hier gestanden haben soll. Beliebt bei Nacht-

Tipp

Gelato mit Aussicht

So ein „Gianduiotto da passeggio" lässt schwärmen: Großzügig werden Haselnuss- und Schokoladen-Eis in das hohe Glas gestrichen, die Freiräume mit Schlagsahne gefüllt, kleine Biscotti auf die Spitze gesetzt und mit einer opulenten Sahnekrone bekrönt: Zur Spezialität der Gelateria Nico auf der Sonnenpromenade des Dorsoduro gibt es den Paradeblick auf die Giudecca gratis dazu.

Zattere ai Gesuati 922, Tel. 04 15 22 52 93

Tipp

Zocken bei Wagner

Wo Richard Wagner am 13. Februar 1883 seinen letzten Atemzug tat, seine Totenmaske und das Sterbebett des Komponisten besichtigt werden können, wird heute im Erdgeschoss kräftig gezockt: Der Renaissancepalast Vendramin-Calergi birgt das städtische Kasino mit Black Jack und einarmigen Banditen.

Cannaregio 2040, Tel. 04 15 29 71 11, www.casinovenezia.it

Tipp

Kirchen-Kleinod

Kaum beachtet, aber eine der schönsten Kirchen Venedigs ist Madonna dell'Orto (1462) in San Polo. Das beginnt bereits bei der Lage: An einem offenen Platz am Kanal schmücken filigrane Verzierungen und zwölf Apostelfiguren die Backsteinfassade. Im Inneren der gotischen Kirche verstekken sich Kunstschätze der Spitzenklasse: „Johannes der Täufer" von Cima da Conegliano und Werke von Tintoretto, der hier begraben liegt.

schwärmern ist der 10 **Campo St. Augustin** – die dortige Baffo's Bar gilt als Szenetreff.
Der lang gezogene **Dorsoduro**, Venedigs „harter Rücken" im Südwesten der Altstadt, ruht nicht auf Pfählen, sondern meist auf festem Grund. Der Corso von Dorsoduro ist die Uferpromenade 12 **Zattere** mit herrlichen Ausblicken auf die Insel Giudecca. An einem Querkanal versteckt sich eine der letzten Gondelwerften Venedigs. Den Zugang zur **Punta Dogana** versperrt ein Bauzaun: An der Ostspitze des Dorsoduro wird das alte Zollhaus (17. Jh.) mit seinen bis zu 150 m langen Lagern derzeit nach Plänen von Starachitekt Tadao Ando zum **Centro di Arte Contemporanea** umgebaut, das Gegenwartskunst aus der Sammlung des Milliardärs François Pinault, Chef der Luxusgruppe Pinault-Printemps-Redoute (Gucci & Co.) zeigen wird. Doch schon heute ist das Panorama von hier einmalig: Markusplatz, San Giorgio, Giudecca und der Anfang des Canal Grande. Die Kirche **Santa Maria delle Salute**, die im Dorsoduro den fulminanten Auftakt zum Canal Grande bildet, wurde bereits im ersten Kapitel erwähnt.

Tipp

Eine Gondel für zu Hause?

Die Squero San Trovaso ist neben Tramontin & Figli die bekannteste Gondelwerft, bei der sich die Herstellung des Traditionsschiffes verfolgen lässt. In rund 500 Arbeitsstunden werden hier seit dem 12. Jh. die rund 10,87 m langen und etwa 1,50 m breiten Gondeln aus acht verschiedenen Hölzern und circa 300 Einzelteilen zusammengebaut. Die aufwendige Konstruktion hat ihren Preis – ab 30 000 Euro.

Squero San Trovaso, Dorsoduro 1097, Campo San Trovaso, Tel. 04 15 22 91 46 Tramontin & Figli, Dorsoduro 1542, Tel. 04 1523 77 62, www.tramontingondole.it

Acht Inseln, durch Kanäle getrennt und mit Brücken verbunden, bilden **La Giudecca** – eine zwei Kilometer lange „Spina Longa" („lange Gräte", so ihr ursprünglicher Name). Im 9. Jh. wurden unerwünschte oder verurteilte Mitbürger hier verbannt; im 19. Jh. entdeckten die Städter die Insel als Sommerfrische und errichteten Villen mit prachtvollen Gärten. Die Westspitze dominiert Venedigs bedeutendstes Industriedenkmal: der 15 **Molino Stucky**, ab 1893 vom Nudelkönig Giovanni Stucky als neogotischer Ziegelbau errichtet und vom Hannoveraner Architekten Ernst Wullekopf mehrfach erweitert. Nach Jahren des Leerstands und Verfalls eröffnete 2007 in der einst größten Nudelfabrik Italiens das Molino Stucky Hilton, ein 380-Betten-Hotel mit angeschlossenem Kongresszentrum. An der Ostspitze erhebt sich die **Chiesa Le Zitelle** (1582–1596) mit angeschlossenem Stift für mittellose Mädchen, die hier einst Spitzen klöppelten. In der Mitte der Insel dominiert eine weiße Franziskanerkirche die Skyline, die als eines der Hauptwerke von Andrea Palladio gilt: die Votivkirche **Il Redentore** (1577–1592), errichtet aus Dank für die Errettung von der Pest, die 1576 fast 50 000 Menschen dahin gerafft hatte. 1993 beendete Junghans seine Uhrenproduktion auf Giudecca. Das einstige Fabrikgelände wurde 1995 von Cino Zucchi in **Giudecca Nuova** verwandelt – einen lebendigen Komplex mit Studentenwohnungen, Büros, Geschäften und Bars.

MUSEEN Einblicke in das Leben der jüdischen Gemeinde gewährt das 02 **Museo della Comunità Ebraica** (Cannaregio 2902/b, Tel. 041 71 53 59, www.museoebraico.it) mit Exponaten zur Liturgie und Geschichte der Juden von Venedig, mit Führungen durch die Synagogen und Ausflügen zum jüdischen Friedhof auf dem Lido.
Juwel der rund 300 Palazzi am Canal Grande ist am Ostufer die elegante 03 **Ca d'Oro** TOPZIEL, die ihren Namen von der einst vergoldeten Marmorfassade erhielt. Dort zeigt die **Galleria Franchetti** die Kunstsammlung des letzten Besitzers (Mo. 8.15–14.00, Di. bis So. bis 19.00 Uhr, www.cadoro.org), darunter Tizians „Venus mit Spiegel" (1553/4), Mantegnas „Hl. Sebastian" (1459) sowie Werke von Carpaccio und Bellini.
In der Ca' Pesaro in Santa Croce zeigt das 07 **Museo d'Arte Moderna** (Museum moderner Kunst, www.museiciviciveneziani.it) Kandinsky, Klimt, Klee und andere Künstler des 19./20. Jh.; im zweiten Obergeschoss präsentiert das 07 **Museo di Arte Orientale** (www.arteorientale.org; beide: Nov.–März 10.00–17.00, Apr. bis Okt. bis 18.00 Uhr) Kunst aus Japan, China und Indonesien. Der Renaissancepalast Mocenigo birgt die sehenswerte Kostümsammlung

Tipp

Tanzen unter Sternen

Einmal im Monat von Juni bis September startet Tonys Partyboot vom „El Chioschetto" am Zattere von Dorsoduro mit seiner Barke „Romina" zu nächtlichen Bootsfahrten rund um Venedigs Inseln, bei denen DJs von 20.00 bis 2.00 Uhr nachts den Tanzwütigen Beine machen.

Tel. 04 13 4 83 96 84 66, www.twonight.it/elchioschetto

des 11 **Museo di Storia del Tessuto e Costume** (Nov. – März 10.00 – 16.00, Apr. – Okt. bis 17.00 Uhr, www.museiciviciveneziani.it) – und kann für private Feiern gebucht werden.
Im ehemaligen Kloster S. Maria della Carità (15. Jh.) von Dorsoduro gibt die 13 **Galleria dell'Accademia** TOPZIEL (Mo. 8.15–14.00, Di.–Fr. bis 19.00 Uhr, www.gallerieaccademia.org) einen hervorragenden Überblick über die Entwicklung der venezianischen Malerei. Ein Mekka für moderne Kunst ist der Palazzo Venier dei Leoni (18. Jh.) mit der 14 **Collezione Peggy Guggenheim** TOPZIEL (tgl. 10.00 bis 18.00 Uhr, www.guggenheim-venice.it). In der Ca' Rezzonico (1667–1682) präsentiert das **Museo del Settecento** (Nov.–März Mi.–Mo. 10.00–17.00, Apr.–Okt. 10.00–18.00 Uhr, www.museiciviciveneziani.it) das Leben in Venedig während des Rokoko.

MUSIK UND THEATER Seit 1969 ist das **Teatro a l'Avogaria** (Dorsoduro 1617, Corte Zappa, Tel. www.teatroavogaria.it) die Bühne für Experimentiertheater in Venedig. Opern im Stil des 18. Jh. führen die Sänger und Musiker von **Musica in Maschera** (www.musicainmaschera.it) an der Scuola Grande di San Giovanni Evangelista von San Polo auf.

VERANSTALTUNGEN Stierkämpfe und Maskenbälle wurden einst auf dem Campo di San Polo veranstaltet – heute lockt hier im August **Un'Estate al Cinema** – hochklassiges Freiluftkino (www.comune.venezia.it). Am dritten Samstag im Juli findet auf der Giudecca-Insel eines der ältesten und berühmtesten Feste Venedigs statt, die **Festa del Redentore** – besonders schön: die Bootsparade und das Feuerwerk am Vorabend.

ESSEN UND TRINKEN Krabben mit Polenta, Muschelsuppe und andere tpyisch venezianische Gerichte gibt es im €€/€€€ **Antiche Carampane** (San Polo 1911, Rio Terrà

Viele Studenten beleben den Campo Santa Margherita in Dorsoduro – einen der größten Plätze Venedigs

delle Carampane, Tel. 04 15 24 01 65, www.antichecarampane.com, So./Mo. Ruhetag). Bis 24 Uhr ist die Küche in der €€/€€€ **Terrazza Sommariva** (San Polo 731, Tel. 04 15 23 11 64, www.sommarivarestaurant.it) zu Füßen der Rialtobrücke geöffnet – nach Meinung der Einheimischen gibt es hier die besten Spaghetti Carbona der Stadt. Beliebt ist die €€ **Pizzeria Al Nono Risorto** (Santa Croce 2337, Sottoportego della Siora Bettina, Tel. 04 15 24 11 69) mit ihrem Glyzenien-umrankten Garten. Eine äußerst gemütliche Trattoria ist €€/€€€ **Vini da Gigio** (Cannaregio 3628, Fondamenta San Felice, Tel. 04 15 28 51 40, www.vinidagigio.com). Der – vergleichsweise leider recht teure – Ableger von Harry's Bar auf Giudecca, €/€€ **Harry's Dolci** (Giudecca 773, Tel. 04 15 22 48 44, www.cipriani.com) versüßt die Paradeblicke auf die Stadt mit köstlichen Kuchen.
„Giro d'ombra" (Schattenrunde) nennen die Venezianer ihre Kneipentour, die mit einem „Schatten" – einem Glas Wein – als Aperitif nach der Arbeit beginnt. Genossen wird er in einem Bàcaro, einer typisch venezianischen Kneipe wie dem € **Cantinone Già Schiavi** am Rio San Trovaso (Dorsoduro 992, Tel. 041 5 23 00 34; tgl. bis 21.30 Uhr, So. nur vormittags). Ochsenblutrot gestrichen sich die Wände des Bàcaro € **Antico Dolo** (San Polo, Ruga Rialto 778, Tel. 04 15 22 65 46, anticodolo.it, So. Ruhetag), wo es zum Wein auch einfache, aber köstlich schmeckende venezianische Gerichte gibt: Kutteln und Krebse.

UNTERKUNFT Auf der Giudecca gibt es mit dem €€€€ **Hilton Molino Stucky Venice** (Giudecca 810, Tel. 04 12 72 33 11, www1.hilton.com), dem €€€€ **Hotel Cipriani** (Giudecca 10, Tel. 04 15 20 77 44, www.hotelcipriani.com) und dem €€€/€€€€ **Bauer Palladio Hotel & Spa** (Giudecca 33, Tel. 04 15 20 70 22, www.bauerpalladio.hotelinvenice.com) gleich drei Luxusherbergen – und, quasi zum Ausgleich, auch eine € **Jugendherberge** (Fondamenta Zitelle 86, Tel. 04 15 23 82 11, www. hihostels.com). Dorsoduro beweist, dass eine Nacht im Palazzo nicht den finanziellen Ruin bedeuten muss – jedenfalls wenn man im € **Ca' Zenobbio** bei den armenischen Mönche des Collegio Armeno Moorat Raphael nächtigt (Dorsoduro 2596, Tel. 04 15 22 87 70, www.collegioarmeno.com). Günstig lässt es sich auch in Cannaregio schlafen. Der €€ **Apostoli Palace** (Calle del Padiglion, Cannaregio 4702, Tel. 04 15 20 31 77, www.apostolipalace.com) ist ein ruhiges Familienhotel mit acht Zimmern. In der Pension €€ **La Galeria** (Dorsoduro 878 a, Tel. 04 15 23 24 89, www.hotelgalleria.it) haben nicht alle Zimmer ein eigenes Bad, aber romantische Ausblicke.

INFORMATION
Uffici Informazioni (APT)
S. Marco, 71/f, I-30124 Venezia
Tel. +39 041 529 87 11
info@turismovenezia.it
www.turismovenezia.it

Nicht versäumen!

KULTUR

Palastjuwel am Canal Grande
Ein Juwel unter den rund 300 Palazzi am Canal Grande ist die elegante Ca d'Oro, die ihren Namen von der einst vergoldeten Marmorfassade erhielt. Dort zeigt die Galleria Franchetti die Kunstsammlung des letzten Besitzers.

TOPZIEL Siehe Nr. 03

KULTUR

Außen schlicht, innen famos
Berühmtestes Kunstdenkmal in San Polo ist die monumentale gotische Pfeilerbasilika der Franziskaner, Santa Maria Gloriosa dei Frari, die hinter ihrer vergleichsweise schlichten Backsteinfassade ein prachtvolles Inneres birgt.

TOPZIEL Siehe Nr. 05

KULTUR

Grandioser Marienzyklus
Tintoretto schuf in der westlich von der Frarikirche liegenden Scuola Grande di San Rocco insgesamt 56 Decken- und Wandgemälde. Besonders schön ist der Marienzyklus in der Säulenhalle des Erdgeschosses.

TOPZIEL Siehe Nr. 06

KULTUR

Venezianische Meister
Im ehemaligen Kloster S. Maria della Carità von Dorsoduro gibt die Galleria dell'Accademia einen hervorragenden Überblick über die Entwicklung der venezianischen Malerei vom 14. bis zum 18. Jahrhundert.

TOPZIEL Siehe Nr. 13

KULTUR

Peggy und der „Engel der Stadt"
Ein Mekka für moderne Kunst ist der Palazzo Venier dei Leoni mit der Collezione Peggy Guggenheim. Auf der Terrasse am Canal Grande wartet das berühmte Reiterstandbild von Marino Marini: der (eigenwillig gestaltete) „Engel der Stadt".

TOPZIEL Siehe Nr. 14

SUZUKI

Stolze Kleinode

Wie verwunschene Oasen ragen kleine Inseln aus den seichten Fluten der Lagune. Früher waren sie Festungen und Verstecke, Leprastation oder Lazarett, Kloster oder Küchengarten – andere sind seit Jahrhunderten Heimstatt alter Handwerkskunst: Burano ist berühmt für filigrane Spitzen, Murano für feinstes Glas. Nur am Lido vergnügt man sich seit der Belle Epoque bestens: beim Dolce Vita am goldgelben Strand.

Burano ist bekannt für seine bunten Häuschen

01

02

03

04

Von der Mündung des Sile-Flusses im Norden bis zur Brenta im Süden erstreckt sich eine einzigartige Landschaft zwischen Festland und der Adria: die Lagune von Venedig, eine flache Bucht mit lediglich drei Verbindungen zum Meer – den „Bocche di Porto". Durch diese Einfahrten – Lido-San Nicolò, Malamocco und Chioggia – gelangen nicht nur Segler und Kreuzfahrtschiffe, sondern auch Ebbe und Flut in die Lagune. Besonders im Winter drücken die Wassermassen mit solcher Macht in die Bucht, dass Venedig „acqua alta" melden muss, Hochwasser. Auf der Piazza San Marco balancieren dann Menschen auf Stegen über den Platz, auf den Campi und in den Calli müssen Gummistiefel genügen. Solche Hochwasser haben der Stadt und ihren Kunstschätzen immense Schäden zugefügt. Damit die Serenissima nicht endgültig in den Fluten versinkt, soll das „Modulo Sperimentale Elettromeccanico" („MOSE") – auf Deutsch: „experimentelles elektromechanisches Modul" – ab 2011 mit fünf Meter dicken, 20 Meter breiten und bis zu 30 Meter hohen Stahlkästen die Fluten der Adria fernhalten. Steigt der Wasserspiegel über Normalnull, wird automatisch Luft in die insgesamt 79 Stahltanks gepumpt, die sich daraufhin aus dem Meeresgrund emporheben und als künstliche Mauer Venedig abriegeln. Umweltschützer jedoch befürchten Schlimmstes: Ohne den natürlichen Wasseraustausch, sagen sie, würden die Fische verenden, die Lagune zum Dreckloch verkommen – bis heute leitet die petrochemische Industrie bei Marghera und Mestre ihre Abwässer in die Lagune. Noch aber prägt die Lagune ein Kaleidoskop amphibischer Landschaften; eine facettenreiche Welt aus Wasser und Watt, überfluteten Sümpfen und Sandbänken. Künstlich vertiefte Kanäle und Wassergräben, „ghebi" genannt, schaffen schiffbare Verbindungen zwischen den 117 Inseln und dem Meer.

Kein Glashandwerker durfte die Insel Murano jemals verlassen; auf Flucht oder Preisgabe des Glasgeheimnisses stand die Todesstrafe.

Fluchtpunkt Torcello

Im Jahr 452 plünderten und zerstörten Attilas Hunnen, 100 Jahre später Albuins Langobarden eine der reichsten Städte auf dem venetischen Festland: Altino. Seine Bewohner flüchteten sich auf die Laguneninseln; 638 übersiedelte der katholische Bischof von Altino nach Torcello – und machte das kleine Eiland für mehr als 1000 Jahre zum Bischofssitz. Dass die damals für unbewohnt gehaltene Insel in der Antike schon einmal besiedelt worden war, wurde erst in den 1970er-Jahren festgestellt: Bei Ausgrabungen legten Archäologen den Fußboden einer römischen Villa zwei Meter unter dem Wasserspiegel frei. Begrüßt haben sollen sich die Flüchtlinge aus Oberitalien mit der Losung „Veni etiam" („auch ich bin – hierher – gekommen") – dieser Gruß wurde zum Namensgeber von Venedig. Noch im 10. Jahrhundert war Torcello bedeutsamer als Venedig, aber dann erreichten die Gezeiten die Insel im Norden nicht mehr, das Gebiet versumpfte zur „laguna morta", und die Angst vor der Malaria vertrieb die einst rund 20 000 Einwohner, die alles mitnahmen, was als Baustoff verwertet werden konnte. Unversehrt blieben einzig zwei Kirchen und einige Palazzi. So ist Torcello heute ein poetisches Idyll, umweht vom Hauch der Vergangenheit, mystisch und fast menschenleer.

Feinstes Glas aus Murano

Ursprünglich gab es auch im Stadtgebiet von Venedig „fornaci" – Öfen für die Glasherstellung. Doch im Jahr 1291 nutzte die Seerepublik einen Brand, um per Edikt das gefahrvolle Handwerk auf die nordöstlich von Venedig am Canale dei Marani gele-

01 *Basilika Santa Maria Assunta in Torcello*
02 *Blick auf die Lagune vom Campanile (Torcello)*
03 *Auf San Lazzaro degli Armeni …*
04 *… leben Mönche in einem Kloster*

01

02

03

04

05

06

SPECIAL Murano: Glaskunst

Oft kopiert …

Die gläsernen Preziosen aus Murano sind mal Kitsch, mal hohe Kunst, mal traditionell, mal trendy – erstaunlich, was aus diesem Glas alles geschaffen werden kann!

… und nie erreicht!

Zu den bekanntesten Murano-Glaskünstlern der Gegenwart gehört der 1965 geborene Massimiliano Pagnin, der bereits im Alter von zwölf Jahren seine freie Zeit am liebsten in der Glasmanufaktur seines Vaters verbrachte, mit 14 dort seine Ausbildung begann und 1986 den Betrieb übernahm. Seitdem haben auch andere namhafte Glasdesigner wie Silvano Signoretto, Massimo Nordio, Stefano Poletti und Toni Zuccheri für Pagnins Glaswerkstatt gearbeitet. (*Vetrerie Pagnin & Bon S.r.l*, Calle Cimitero 5, Tel. 04 173 65 32). Besuchenswert sind zudem *Nason & Moretti* (Calle dietro gli Orti 12, www.nasonmoretti.it), *Barovier & Toso* (Palazzo Contarini, Fondamenta Vetrai 28, www.baroviertoso.it), *CAM* (Piazzale Colonna 1B, www.cam-murano.com), *Gino Cenedese e Figlio* (Fondamenta Venier 48, www.cenedesegino.it), *Mazzega* (Fondamenta da Mula 147, www.mazzega.it), Vivarini (Fondamenta Vetrai 138,www.vivariniglass.it).

gene Insel zu verbannen – und so auch besser vor Spionage zu schützen. Murano wurde zum Getto. Kein Glashandwerker durfte die Insel jemals verlassen; auf Flucht oder Preisgabe des Glasgeheimnisses stand die Todesstrafe. Im Gegenzug genossen die Glasbläser allerhöchstes Sozialprestige: Ihre Töchter durften in venezianische Adelskreise einheiraten – ein damals äußerst ungewöhnliches Privileg.

Spitzen-Insel Burano

Streng von der Serenissima kontrolliert wurde auch das Handwerk auf der Nachbarinsel Burano: die Spitzenstickerei. Fantasievoller als die Fakten – Venedig importierte die ersten Spitzen aus Byzanz und protegierte ab 1414 vor Ort deren Herstellung – erzählt eine Legende die Ursprünge dieses Traditionshandwerks. Ihr zufolge soll sich ein junger Fischer namens Polo einst auf Burano in die schöne, junge Dolfina verliebt haben, die Vermählung war schon geplant – doch dann fehlte das Geld für ein Hochzeitsgeschenk. Da verfing sich eines Tages ein luftiges Gebilde aus Seegras im Netz, dessen Salzkruste in der Sonne funkelte. Begeistert von dessen Schönheit übergab Polo seiner Angebeteten das Geschenk der Meeres, die davon so gerührt war, dass sie darüber nachdachte, wie dieser Liebesbeweis auf ewig bewahrt werden könnte. Also griff sie zu Nadel und Faden und folgte den Linien und Knoten der Natur, und damit war der „punto in aria“ – ein komplizierter Luftstich: das Markenzeichen der Nadelspitze von Burano – geboren. Bald waren die filigranen Spitzen in ganz Europa gefragt. Mit der Französischen Revolution aber begann der Niedergang der Spitzenherstellung. Ende des 19. Jh. beherrschte nur noch eine einzige Stickerin die kunstvolle Technik. Da hatte eine Gräfin die rettende Idee: 1872 gründete Andriana Marcello die „Scuola dei Merletti“ (ital. „merletti“: „Spitze“), verpflichtete Francesca Memo als Lehrerin – und bereits wenige Jahre später zählte die Insel wieder sieben Spitzenmanufakturen mit fast 500 Stickerinnen. Heute sind die meisten Spitzen, die entlang der Via Galuppi angeboten werden, jedoch maschinell hergestellte Billigimporte aus Fernost – echte Burano-Spitze ist teures Luxusgut.

Neben der Spitze ist Burano auch für seine kunterbunt getünchten Fischerhäuser berühmt, die sich malerisch im Wasser spiegeln – kein Wunder, dass die Farbenpracht seit mehr als 100 Jahren auch Maler und Fotografen auf die Insel zieht. Ihr Treff war um 1910 die Trattoria Da Romano. Dort konnten sie den Preis ihrer Mahlzeit mit einem Gemälde begleichen. Den Patrone freut's: Heute sind einige der Werke dieser

01 *Mit dem Vaporetto unterwegs in der Lagune*
02 *Spitzen-Ware – aus Taiwan?*
03 *In der Lagune vor Murano*
04 *Auch auf Murano gibt es einen Canal Grande*
05 *Die Galleria Regina auf Murano präsentiert die traditionelle Glaskunst der Insel*
06 *Santi Maria e Donato ist die schönste Kirche auf Murano*

01

02

03

04

„Schule von Burano" so wertvoll, dass nur noch Kopien an den Wänden des Lokals hängen.

Verwunschene Oasen

Dicke Pfähle, „briccole" genannt, weisen den Weg zu den anderen pittoresken Inseln der Lagune. San Francesco del Deserto etwa ist noch heute eine klösterliche Einsiedelei inmitten hoher Zypressen. Auf San Lazzaro degli Armeni studierte Lord Byron die armenische Sprache, auf San Michele ruhen die Toten, auf Le Vignole reift an Reben der berühmte „Vino Salso".
Auf Sant'Erasmo gedeihen die „castraure di Sant'Erasmo" – junge Artischocken – und köstliche „spareselle" – grüne, dünne Spargelstangen. Zudem ist die kreisrunde Turmruine ein beliebter Treffpunkt zum Feiern, denn zu ihren Füßen erstreckt sich malerisch der kleine „Bacan"-Strand.

Verblasster Lifestyle auf dem Lido

Noch besser am Meer relaxen lässt es sich auf der Nehrung (ital. *lido*), die von Jesolo im Norden bis Chioggia im Süden die Lagune von Venedig von der Adria trennt. Weltberühmt wurde ihr mittlerer Teil: der Lido di Venezia. Er wandelte sich in der Belle Epoque zu einem mondänen Seebad mit luxuriösen Hotels, in denen der internationale Jetset logierte. Heute haben die Prunkbauten von einst längst Patina angesetzt, leben Glanz und Glamour nur noch Ende August auf, wenn sich Hollywoodstars beim ältesten Filmfestival der Welt ein Stelldichein geben. Thomas Manns von Luchino Visconti verfilmte Novelle „Tod in Venedig" spielt im luxuriösen „Grand Hotel des Bains", wo der Gast bis heute am Privatstrand das Badeleben genießen kann wie einst Arthur Schnitzler, Peter Altenberg, Karl Kraus und Georg Trakl. Oder wie Erich Maria Remarque, der hier im Jahr 1937 einer Diva begegnete, mit der er bis ans Sterbebett eine lange, leidenschaftliche, aufwühlende und dramatische Liebesbeziehung hatte: Marlene Dietrich.

01 *Als „Venedig im Kleinen" wird …*
02 *… Chioggia oft bezeichnet*
03 *Der alte Charme ist längst dahin: am Lido*
04 *Flanieren und spazieren: in Chioggia*

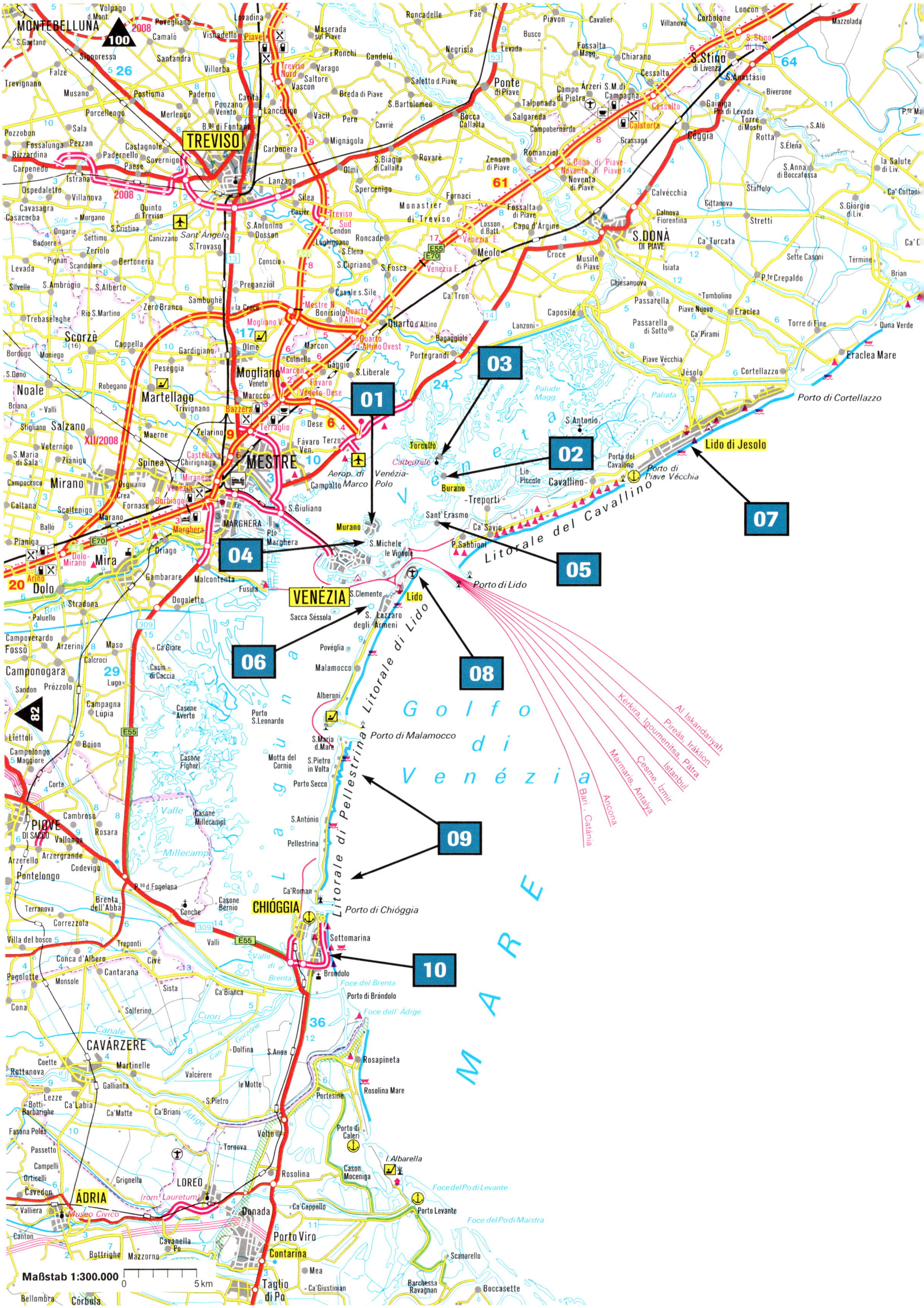

01
02
03
04
05
06
07
08
09
10
TREVISO
MESTRE
VENÉZIA
CHIÓGGIA
MONTEBELLUNA
S.DONÀ DI PIAVE
S.Stino di Livenza
Lido di Jesolo
Jésolo
Eraclea Mare
Porto di Cortellazzo
Cavallino
Treporti
Burano
Torcello
S.Antonio
Cattedrale
Murano
S.Michele
le Vignole
Sant'Erasmo
P.Sabbioni
Ca' Savio
Punta Sabbioni
Porto di Lido
Lido
S.Clemente
S. Lazzaro degli Armeni
Sacca Séssola
Povéglia
Malamocco
Alberoni
Porto di Malamocco
S.Maria d.Mare
S.Pietro in Volta
Porto Secco
S.António
Pellestrina
Ca'Roman
Porto di Chióggia
Sottomarina
Brondolo
Porto di Bróndolo
Foce del Brenta
Foce dell'Ádige
Rosapineta
Rosolina Mare
Porto di Piave Vécchia
Litorale del Cavallino
Litorale di Lido
Litorale di Pellestrina
Laguna Veneta
Golfo di Venézia
MARE
Aerop. di Marco Polo
Venézia-Polo
Marghera
Fusina
Mogliano Veneto
Martellago
Mirano
Spinea
Mira
Dolo
Noale
Scorzè
Quarto d'Altino
Mestre
Campalto
Favaro
Dese
Tessera
Piove di Sacco
Cavárzere
Ádria
Loreo
Rosolina
Porto Viro
Contarina
Donada
Taglio di Po
Porto Levante
Foce del Po di Levante
Foce del Po di Maistra
Scanarello
Barchessa Ravagnan
Boccasette
I.Albarella
Porto di Caleri
Portesine
Bari, Catánia
Ancona
Marmaris, Antalya
Çesme, Izmir
Kérkira, Igoumenitsa, Pátra
Pireás, Iráklion
Al Iskandariyah
Istanbul
Maßstab 1:300.000
0
5 km

Kleine Welten in flachen Fluten

Zwischen Jesolo im Norden und Chioggia im Süden dehnt sich Italiens größte Lagune aus: die „Laguna Veneta", eine 550 Quadratkilometer große, melancholische Welt aus 117 Inseln und winzigen Eilanden mit jeweils eigenen Bestimmungen, durchzogen von Kanälen, umgeben von Brackwasser, in dem bis heute Muscheln und Fische gezüchtet werden, während man am Lido di Venezia seit eh und je den Müßiggang pflegt.

Glasbläser bei ihrem traditionsreichen Handwerk: auf Murano

01 MURANO

Murano TOPZIEL ist eine Miniaturausgabe von Venedig: Die Heimat der berühmten Glasbläser liegt auf fünf Inseln, die ein großer und mehrere kleinere Kanäle trennen. 1292 waren alle venezianischen Glasöfen (fornaci) hierher verlegt worden, und seitdem lebt die Insel von der Glasherstellung.

ÜBERFAHRT: Vaporetto 41, 42 ab Fondamenta Nuove 20 Minuten

SEHENSWERT Die Pfarrkirche **San Pietro Martire** (1474–1511) birgt mit dem Votivbild „Thronende Madonna" (1488) eines der Hauptwerke von Giovanni Bellini. Zu den ältesten Kirchen im Lagunengebiet gehört die bereits im 7. Jh. begonnene Basilika **Santa Maria e Donato** mit ihrem fantasievollen Mosaikfußboden und der zweistöckigen Arkadenwand im Chor.

MUSEUM Einen Überblick über die historische und zeitgenössische Glaskunst bietet das **Museo del Vetro** im alten Bischofspalast (Palazzo Giustinian, Fondamenta Giustinian 8, Murano, Nov. bis März Do.–Di. 10.00–17.00, Apr.–Okt. bis 18.00 Uhr, www.museicivicivenezianі.it) mit Gläsern, Kronleuchtern und Spiegeln, für die Murano einst das Monopol besaß.

UNTERKUNFT Die Glasbläserfamilie Fratelli hat ihre Villa in das elegante Mittelklassehotel €€€ **Locanda Conterie** verwandelt (Calle Conterie 21, Tel. 04 15 27 50 03, www.locandaconterie.com). Ein ländliches Idyll ist die authentisch restaurierte, rustikale Ferienvilla €€€ **Santa Caterina** auf dem Inselchen Mazzorbetto bei Murano (www.santa-caterina.it).

02 BURANO

Der malerische Fischerort Burano TOPZIEL auf vier Laguneninseln ist für seine Nadelspitze „Reticella" berühmt, die hier seit dem 16. Jh. mit Schlingstichen in Leinen handgefertigt wird. Die bunten Farben der Fassaden erklärt eine Legende: Sie dient(e) Fischern bei Nebel oder durchzechter Nacht als Orientierung fürs eigene Heim.

ÜBERFAHRT Vaporetto 12 ab Fondamenta Nuove 40 Minuten.

SEHENSWERT Die Ladenstraße Via Galuppi, für die im 19. Jh. ein Kanal zugeschüttet wurde, endet an der malerischen **Piazza Galuppi**, auf der ein Denkmal an den 1706 auf Burano geborenen Komponisten Baldessare Galuppi (1706–1785) erinnert.

MUSEUM In der 1872 gegründeten Spitzenschule „Scuola dei Merletti", die 1970 endgültig schloss, präsentiert das **Museo del Merletto** (Piazza Galuppi 187, Apr.–Okt. Mi.–Mo. 10.00 bis 17.00, Nov.–März. bis 16.00 Uhr, www.museicivicivenezianі.it) die Geschichte und Technik des Traditionshandwerks.

03 TORCELLO

Die Insel war in den Jahren 638 bis 1689 Sitz des Bischofs von Altino und im 10. Jh. größer und reicher als Venedig. Doch heute leben hier nur noch 14 Menschen.

ÜBERFAHRT Vaporetto 12 ab Fondamenta Nuove, 45 Minuten.

SEHENSWERT An der Piazza, auf der sich inmitten von Gras der steinerne **Trono di Attila** als einstiger „Thron" des Bischofs oder Bürgermeisters erhebt, stehen die beiden letzten der einst 16 Sakralbauten. Die romanisch-byzantinische Kirche **Santa Fosca** (11. Jh.) hat umlaufende Säulenarkaden; die 639 gegründete und 1008 umgebaute Kirche **Santa Maria Assunta** gilt als bestes Beispiel ravennischer Baukunst in der Lagune. Größter Schmuck der Kirche sind ihre Mosaiken: Die Westwand ziert das Jüngste Gericht (12./13. Jh.), die Apsis die Gottesmutter mit den Aposteln (13. Jh).

RESTAURANT Hemingway schüttete sich karaffenweise den Wein ein und verliebte sich in eine 19-jährige venezianische Schönheit, Charlie Chaplin speiste hier mit Genuss, und auch Prince Charles und Lady Di gaben sich in der €€€€ **Locanda Cipriani** schon die Ehre (Piazza S. Fosca 2, Torcello, Tel. 041 73 01 50, Fax 041 73 54 33, www.locandacipriani.com).

MUSEUM Gegenüber bergen zwei gotische Palazzi das **Museo dell' Estuario** (Apr.–Sept. Di. bis So. 10.30–12.30, 14.00–17.30, Okt.–März bis 16.00 Uhr.)

04 SAN MICHELE

Die Komponisten Igor Strawinsky und Luigi Nono, die Schriftsteller Ezra Pound und Jo-

In der Basilika Santa Maria Assunta auf Torcello

seph Brodsky sowie der Ballett-Impresario Sergej Diaghilew fanden auf der Zypressen bestandenen Friedhofsinsel ihre letzte Ruhe. Der Zentralfriedhof der Lagune entstand 1837 durch den Anschluss der Insel an das Eiland San Christoforo.

ÜBERFAHRT Vaporetto 41, 42 ab Fondamenta Nuove, 30 Minuten.

SEHENSWERT Die strahlend weiße Kirche **San Michele in Isola**, ab 1469 von Mauro Codussi erbaut, gilt als erste Renaissancekirche von Venedig. Ein Renaissancejuwel ist auch die benachbarte **Capella Emiliana**, die Guglielmo Bergamasco um das Jahr 1530 errichtete.

05 SANT' ERASMO

Seit mehr als 1000 Jahren wird auf der Laguneninsel Gemüse angebaut und per Boot zum Rialto-Markt gebracht. Ein Erlebnis ist das alljährliche Weinfest am 1. Sonntag im Oktober mit obligater Regatta zum Auftakt.

ÜBERFAHRT Vaporetto-Linie 13 ab Fondamenta Nuove, 55 Minuten.

RESTAURANT Inmitten des Lagunen-Gartens von Sant'Erasmo verwöhnen Alessandro und Gabriele vom €€ **Ristoro Ca' Vignotto** die Gäste mit exzellenter Küche. Besonders köstlich: die Gerichte aus jungen zarten Artischocken (Via Forti, Isola di Sant' Erasmo, Tel. 04 15 28 53 29). Sehr beliebt bei Einheimischen ist auch die €/€€ **Trattoria alle Vignole** auf der südlich von Sant' Erasmo gelegenen Gemüseinsel Vignole (Vaporetto 13, Mai–Sept, Mo. Ruhetag, Tel. 04 15 28 97 07), wo an Holztischen unter freiem Himmel mit Blick auf Venedig leckere Fisch- und Fleischspezialitäten vom Grill genossen werden. Le Vignole hieß früher „Isola delle sette vigne", und bis heute wird auf der Laguneninsel noch Wein angebaut. Das Besondere des Inseltropfens „Vino Salso" ist sein leicht salziger Geschmack – er passt besonders gut zu frisch gegrilltem Fisch!

06 SAN LAZZARO DEGLI ARMENI

Die nur drei Hektar große Klosterinsel diente der Seerepublik jahrhundertelang als Quarantänestation für Leprakranke. Als die Seuche zurückgedrängt war, errichtete Mechitar von Sebaste mit 17 weiteren armenischen Mönchen, die von den Türken aus ihrer Heimat vertrieben worden waren, hier ein Kloster, das sich zu einem der bedeutendsten Zentren armenischer Kultur entwickelte.

ÜBERFAHRT Vaporetto 20 ab Riva degli Schiavoni/ S. Zaccaria, 15 Minuten.

SEHENSWERT Höhepunkt der Klosterführung (Apr.–Okt. tgl. 15.30–17.30, Nov.–März nur Do., So.) durch einen Padre, der Kreuzgang, Kirche, Refektorium und Museum sachkundig vorstellt, ist der Besuch der Bibliothek mit ihren rund 200000 Bänden orientalischer und armenischer Schriften und einem mit Memorabilien gespickten Zimmer, in dem der Weltenbummler und Dichter Lord Byron im Jahr 1816 die armenische Sprache erlernte, um ein armenisch-englisches Wörterbuch mit herauszugeben.

07 LIDO DI JESOLO

Fast 6 Mio. Urlauber sonnen sich jährlich am 15 km langen Sandstrand des Seebades, dessen Küstenstraße im Sommer laut Eigenwerbung „die längste Fußgängerzone Europas" bildet. Die heute 3 km im Hinterland liegende Stadt war einst römischer Hafen und Bischofssitz.

ÜBERFAHRT Bus/Schiff von Mestre oder San Marco (Fahrpläne: www.atvo.it).

08 LIDO DI VENEZIA

Als Schauplatz von Thomas Manns – von Luchino Visconi kongenial verfilmter – Novelle „Tod in Venedig" begeistert er Bücherfreunde, als Austragungsort der Internationalen Filmfestspiele die Cineasten. Das mondäne Seebad auf dem mittleren Teil des Nehrungsstreifens in der Adria lockt seit dem 19. Jh. die Besucher mit Luxushotels, Top-Events, Golf in ungewöhnlicher Umgebung, Glücksspiel im Kasino und anderem stilvollen Dolce Vita.

ÜBERFAHRT Vaporetto 41, 42 ab Riva degli Schiavoni/ S. Zaccaria, 20 Minuten; Autofähre ab Tronchetto.

SEHENSWERT Heute erinnern nur noch wenige Villen und Hotelpaläste an die noble Vergangenheit des Seebads. Der Jugendstilbau des **Hôtel des Bains** (1900) diente Visconti als Kulisse seiner Thomas-Mann-Verfilmung „Tod in Venedig". Das neomaurische **Grand Hotel Excelsior** (1907) beherbergt heute Regisseure und Schauspieler während der Film-Biennale, die im **Palazzo della Mostra del Cinema** (1951/52) abgehalten wird. Neben der Kirche **San Nicolo** am Nordende werden seit dem 14. Jh. die Juden begraben. Vom malerischen Fischerdorf **Alberoni** setzt eine Autofähre nach Pellestrina über.

VERANSTALTUNG Die **Mostra Internazionale d'Arte Cinematografica**, die seit 1932 alljährlich Ende August/Anfang September auf dem Lido von Venedig stattfindet, ist das älteste noch bestehende Filmfestival der Welt und heute

Tipp

Das Refugium des Heiligen

Zu den schönsten Zielen in der Lagune gehört die zwei Hektar große Klosterinsel San Francesco del Deserto, auf die sich 1220 der hl. Franz von Assisi nach der Rückkehr aus Palästina und Ägypten zurückgezogen hatte, um – abgeschieden von der Welt – ein Leben in Demut zu führen. Dort, wo der Heilige seine einfache Hütte hatte, errichteten die Franziskaner ein Kloster. Heute genießen hier nur noch wenige Fratres inmitten stiller Wasserflächen und Sumpfwiesen ihr Dasein, führen die Besucher zu zwei wunderschönen Kreuzgängen oder laden ein, den Frieden des mit Zypressen, Pinien und Palmen bestandenen Gartens zu genießen.

Vaporetto 12 bis Burano, dann per Wassertaxi; Di.–So. 9.00–11.00 u. 15.00–17.00 Uhr, www.isola-sanfrancescodeldeserto.it

Teil der Biennale für zeitgenössische Kunst (www.labiennale.org/it).

AKTIVITÄTEN Feinsandige, goldfarbene Sandstrände und alle erdenklichen Sportangebote machen die Adriastrände zu einem Paradies für Badenixen, Sonnenanbeter und Aktive. Schwimmen, Segeln und Wasserski stehen hier ebenso hoch im Kurs wie Funsportarten. Golfreunde pilgern zum 18-Loch-Green des Circolo del Golf Venezia (Strada Vecchia 1, Alberoni, www.circologolfvenezia.it), der auf einer alten Festungsanlage entstand. Pedalritter können am Lido ein Fahrrad mieten und bis nach Chioggia radeln. Für Ausritte empfiehlt sich der Circolo Ippico Veneziano (Via Colomba 41, Lido). Tennisclubs finden sich am Lido und auf Murano.

UNTERKUNFT Zwei Villen mit schönen Terrassen und Gärten wurden am Lido di Venezia zum Drei-Sterne-Hotel €€/€€€ **Biasutti** zusammengefügt (Via Enrico Dandolo 29, Tel. 04 15 26 01 20, http://biasutti. hotelinvenice.com).

09 PELLESTRINA

Auf der meerzugewandten Seite der schmalen Landzunge sind noch große Teile der „Murazzi" (Mauern) erhalten, als letztes Großprojekt der venezianischen Republik im 18. Jh. aus istrischem Kalkstein erbaut. Im Süden schafft bei Ca' Roman eine Fähre die Verbindung nach Chioggia.

ÜBERFAHRT Vaporetto bis Lido, Bus oder Leihrad bis Pellestrina.

RESTAURANT Als Einkehr empfehlen sich die €€/€€€ **Trattoria Da Celeste** am Kai von Pellestrina (Via Vianelli 625, Tel. 04 19 6 73 55, März–Okt., Mi. Ruhetag) und das €€ **Ristorante Le Garzette** hinter dem Deich (Lungomare Alberoni 32, Malamocco, Tel. 04 17 3 10 78, März–Nov., nur Fr. Abend, Sa., So., www.legarzette.on.to).

10 CHIOGGIA

Das Fischerstädtchen (54 000 Einw.) im Süden der Lagune hat in der von Kanälen und schmalen Gassen geprägten Altstadt sein malerisches Aussehen bewahrt. Seine Bewohner inspirierten den venezianischen Dramatiker Carlo Goldoni zu seiner Tragikkomödie „Le Baruffe Chiozzotte" (Krach in Choggia), die Giorgio Strehler mit seiner Inszenierung weltweit berühmt gemacht hat.

ÜBERFAHRT Vaporetto bis Lido, Bus bis Pellestrina, Fähre bis Chioggia; von Juni bis Sept. Direktverbindung per Boot, www.sottomarina.net/venezia.htm.

SEHENSWERT Am 840 m langen und 24 m breiten **Corso del Popolo**, dem „Laufsteg der Stadt", liegen die bedeutendsten Bauwerke: die barocke Kirche **Sant'Andrea** (1743), der gotische Kornspeicher **Granaio** (um 1320), die Kirche **San Martino** in italienischer Backsteingotik (1392) und der mächtige Dom **Santa Maria Assunta**, den Baldessare Longhena 1674 im barocken Stil umbaute. Der Corso endet im Norden an der **Piazzetta Vigo**, wo Ausflugsschiffe nach Venedig ablegen und die Ponte Vigo hinüber zur **Isola San Domenico** mit der gleichnamigen Kirche führt. Den **Canale Vena** mit seinen bunten Bragozzi-Booten säumt täglich außer montags Italiens größter **Fischmarkt**. Eine 800 m lange Brücke verbindet Chioggia mit dem beliebten Seebad **Sottomarina** und seinem 11 km langen Sandstrand.

MUSEUM Das **Museo Civico della Laguna Sud** präsentiert die Geschichte der Seefahrt und der Arbeit auf dem Meer (Campo Marconi, Apr. bis Okt. Di., Mi. 9.00–13.00, Do. Sa. 9.00–13.00, 19.30–23.30, Nov.–März Di., Mi. 9.00–13.00, Do. bis So. 15.30–18.30 Uhr).

AKTIVITÄTEN Ganz neue Eindrücke vermittelt eine Fahrradtour entlang des Nehrungsstreifens: Von Chioggia geht es mit der Fähre bis nach Pellestrina, dann über den Lido und Sant' Erasmo bis nach Punta Sabbioni auf dem Festland.

Nicht versäumen!

KULTUR

Juwelen der Glaskunst
Murano ist eine Miniaturausgabe von Venedig: Die Heimat der berühmten Glasbläser liegt auf fünf Inseln, die ein großer und mehrere kleinere Kanäle trennen.

TOPZIEL Siehe Nr. 01

KULTUR

Spitzen-Insel Burano
Der malerische Fischerort Burano auf vier Laguneninseln ist für seine Nadelspitze „Reticella" berühmt, die hier seit dem 16. Jh. mit Schlingstichen in Leinen handgefertigt wird. Seit 2005 kennzeichnet ein Siegel die echte Markenware.

TOPZIEL Siehe Nr. 02

KULTUR

Auf den Spuren von Donna Leon
Donna Leons „Das Gesetz der Lagune" begleitet uns auf die Laguneninsel Pellestrina: In seinem 10. Fall stößt Commissario Brunetti auf eine Mauer des Schweigens – und setzt die Sekretärin seines Chefs als verdeckte Ermittlerin ein.

Siehe Nr. 09

ERLEBEN

Psst, frische Fische in Chioggia!
Früh aufstehen! Das turbulente Treiben ab 3.00 Uhr morgens auf dem Fischmarkt von Chioggia ist ein Erlebnis – und auch die Versteigerung außergewöhnlich: nicht marktschreierisch, sondern im Flüsterton kommt der Fang hier unter den Hammer!

Siehe Nr. 10

AKTIV

Rauf aufs Rad!
Mal etwas ganz anderes ist eine Fahrradtour entlang des Nehrungsstreifens: von Chioggia mit der Fähre bis nach Pellestrina, über den Lido und Sant' Erasmo bis Punta Sabbioni – Sonnencreme, Trinkwasser, Badesachen nicht vergessen!

Siehe Nr. 10

MAZZI
Torcolo
Colomba D'Oro
Cavour
Clopeta
Europa

Liebesschmerz und rote Tropfen

Zwei steinerne Monumente Veronas kamen erst durch Literatur und Musik zu Weltruhm: Den wohl berühmtesten Balkon der Literatur am „Haus der Julia" gäbe es ohne Shakespeare gar nicht, und die Arena di Verona wird durch Musik erst schön – wenn an Sommerabenden Tenöre und Chöre Arien schmettern. Deutlich ruhiger geht es in den Hügeln des Valpolicella zu. Dort reifen dreierlei Trauben, die zusammen berühmte Weine ergeben.

Wie wär's mit einem Teller Nudeln, ehe es in die Oper geht? Und danach noch ein Drink am selben Ort, vor der Arena di Verona; dann bereits trunken vom kunstvollen Gesang?

01

02

01 *Begegnung zweier Welten: am Ponte Scaligero*

02 *Mächtig, prächtig: der Dom von Verona*

Verona ist eine lebhafte Stadt. Nicht nur im Hochsommer, wenn Touristen aus aller Welt und Italiener anreisen, um bei den Opernfestspielen versonnen mitzusingen, geht es in den Gassen lebhaft zu. Urlauber etwa vom Gardasee kommen für einen Tagesausflug vor allem zum Shopping: In der Via Mazzini gehen die Schaufensterscheiben der kleinen Boutiquen und Geschäfte nahtlos ineinander über. In den Kirchen der Stadt herrscht dagegen selten Andrang. So kann, wer Sant'Anastasia besucht, in Ruhe die gotischen Fresken bewundern.

Der lächelnde Bischof

Die Brücke über die Etsch im Castelvecchio nehmen Veroneser gar nicht mehr als Sehenswürdigkeit wahr. Einheimische spazieren über den zinnenbekrönten, trutzigen Bogen einfach täglich über den Fluss in die Arbeit oder in die Altstadt, doch der Ponte di Castelvecchio ist sicher eine der schönsten Brücken der Region. Das Skaligerkastell, eine mächtige Trutzburg, wurde im 14. Jh. vom Skaligerfürst Cangrande II errichtet. Etwas weiter die Altstadt hinaus steht die Lieblingskirche der Veroneser, San Zeno Maggiore, aus weißem Tuff und rotem Marmor. Zeno war ein Schwarzafrikaner und Bischof, er starb im Jahr 380. Über seinem Grab wurde im 5. Jh. die erste Kirche an dieser Stelle errichtet. Ungewöhnlich ist, wie die bemalte Marmorgestalt links vom Altar den schwarzen Bischof darstellt: Er lächelt.

Wo Kafka und Gorki klatschten

Wenig zu lachen hatte, wer vor rund 2000 Jahren in die Arena geführt wurde. Erbaut etwa zur selben Zeit wie das Colosseum in Rom, fanden hier Gladiatorenkämpfe statt. Nicht nur der Eintritt war frei, auch Essen und Getränke wurden kostenlos verteilt. Im frühen Mittelalter baute man dann die Arena zur Festung der Bischöfe von Verona aus. Auch das war keine friedliche Zeit: Im Jahr 1278 wurden 177 Bürger von Sir-

03 *Das reliefverzierte Portal von San Zeno*
04 *Blick auf den Dom von außen*

01

02

SPECIAL Julia und Juliakult

Liebesbriefe aus Verona

„Cara Giulietta", „Dear Juliet", „Liebe Julia" – rund 4000 Briefe erreichen jährlich den Club di Giulietta. Acht ehrenamtliche „Sekretärinnen der Julia" beantworten jeden dieser Briefe. Handschriftlich.

Julias Wahrheit

Am Valentinstag, dem Fest des Heiligen der Liebenden, überreichen im „Haus der Julia" Stars des italienischen Kulturlebens den Preis „Cara Giulietta" an den Absender des schönsten der Julia-Briefe. Seinen Höhepunkt erreicht der Juliakult im September, wenn die Stadt mit einem mittelalterlichen Fest den Geburtstag der Julia feiert. Recherchen im ersten Julia-Werk – der Novelle von Luigi da Porto aus dem 16. Jh. – sollen nämlich ergeben haben, dass die Angebetete am 16. September 1284 geboren wurde. Glaubt also ganz Verona, das unglückselige Kind Julia habe tatsächlich gelebt? Paola Marini verneint. Sie beschäftigt sich beruflich mit Julia: Als Direktorin des Castelvecchio untersteht ihr auch das Haus der Julia. „Julia ist keine reale Gestalt", sagt Paola Marini, „aber sie ist wahr in unserer Vorstellung und in unserer Gefühlswelt".

mione am Gardasee als Ketzer verbrannt. Im 18. Jahrhundert zogen Prostituierte in die Arkaden ein, und zu Giuseppe Verdis 100. Geburtstag im Jahr 1913 wurde dort erstmals dessen „Aida" aufgeführt.

Musikgenuss und Spektakel zugleich

Damals gehörten zu den erlesenen Zuschauern in der Arena Arrigo Boito, Giacomo Puccini, Pietro Mascagni, Maxim Gorki und Franz Kafka. Im August 2006 wurde Verdis wohl berühmteste Oper dann bereits zum 500. Mal in dem steinernen Oval aufgeführt; in der Regie von Franco Zeffirelli. So ein Opernabend in der Arena ist Musikgenuss und Spektakel zugleich. Gigantische Bühnenbilder und Massenszenen ziehen die Aufmerksamkeit auf sich. Doch auf den Rängen geht es ebenso turbulent zu: 22 000 Zuschauer passen in das Oval, und so konkurrieren schmetternde Tenöre mit Kissenverkäufern. Opernarien, Rotwein und Picknickkörbe – diese Mischung sollte man sich einmal gönnen.

War es die Nachtigall oder die Lerche?

Nicht minder berühmt als die Arena dürfte das Haus der Julia sein. Dort soll die Unglückselige gelebt haben, die in Shakespeares Drama so unsterblich stirbt. Die Casa Capuleti, wie das Haus der Julia offiziell heißt, ist jedenfalls nicht zu verfehlen – ständig drängen Menschenmassen in den Innenhof, um einmal unter dem Balkon der Julia zu stehen oder die rechte Brust der Julia-Statue zu berühren – das soll nämlich (Liebes)-Glück bringen.

L'amore e la morte, die Liebe und der Tod

Grundlage für das tragische Liebesdrama waren zwei italienische Novellen, aus denen Shakespeare sein Drama strickte. Berühmt ist der Balkon – doch Julias Balkon ist ein Sarkophag. Im wörtlichen Sinn: Zu Beginn des 20. Jahrhunderts restaurierte Verona Mauern und Bauten; was nicht mittelalterlich erschien, wurde historisiert. Antonio Avena, der als Direktor des Museums Castelvecchio auch die Casa Capuleti – ein Patrizierhaus aus dem Spätmittelalter – verwaltete, fand das „Haus der Julia" nicht mittelalterlich genug. Etwas fehlte – eben ein repräsentativer Balkon für die entsprechende Szene in „Romeo und Julia". Avena fand, was er suchte im Depot seines Museums Castelvecchio: einen Sarkophag. Steinmetze bearbeiten das Relikt aus den Tagen der Scaliger und wuchten es im Jahr 1936 in den zweiten Stock der Casa Capuleti. Dort prangt der Sarkophag nun an der Mauer zum Innenhof. L'amore e la morte, die Liebe und der Tod, sind im Italienischen ein Reimpaar. Passender hätte Avena sie nicht zusammenfügen können.

01 *In der Arena di Verona sind heute Opernstars …*
02 *… die Gladiatoren der Neuzeit, und das Publikum bildet einen stimmungsvollen Rahmen*
03 *Liebesschwüre moderner Romeos und Julias im Durchgang zum Hof der Casa Capuleti*
04 *In der Bottega del Vino in Verona*

01

02

03

04

Das Tal der vielen Keller

„Für unseren Wein nehmen wir nur unsere eigenen Trauben“, sagt Pierangelo Tommasi. Das ist beileibe keine Selbstverständlichkeit, denn viele Weinkeller kaufen Ernte dazu, und nicht immer aus der Umgebung. Viticultori Tommasi sind seit vier Generationen ein reiner Familienbetrieb: Neun Geschwister und Kusinen betreiben das Weingut und ein angeschlossenes Hotel. Valpolicella heißt diese Region nördlich von Verona, ein sanftes Hügelland, das seine Erhebungen wie fünf Finger einer Hand in die Ebene ausstreckt. Eine Region, in der schon die Römer Wein produzierten, und von der man annimmt, dass ihr Name eine Mischung aus Griechisch und Latein ist: val-poli-cella – das Tal der vielen (Wein-) Keller. Valpolicella heißt auch der hier hauptsächlich hergestellte Wein. Eine Traube diesen Namens gibt es allerdings nicht; jeder „Valpolicella“ ist eine Mischung, Cuvée genannt. Knapp zwei Drittel liefert die Corvina-Traube, die Königin, wie Pierangelo sagt, sie gibt dem Wein den Körper. Dazu ein knappes Drittel Rondinella für eine satte Farbe und etwa zehn Prozent Molinara „für einen sanften touch“.

Kistenweise reife Trauben

Während der Valpolicella auch gut zu einem leichten Mittagessen passt, begleitet dessen edlerer Bruder eher das große Dinner: Der Amarone schmeckt intensiv nach Trauben und wird in einem nur hier gebräuchlichen Verfahren gekeltert. Nach der Weinlese im September trocknen die Trauben bis Ende Februar ausgebreitet in gut belüfteten Räumen. Dann haben sie fast die Hälfte an Gewicht verloren, dafür aber jede Menge Aroma gewonnen. Für eine Flasche Amarone braucht es drei Kisten Trauben. Doch obwohl der Amarone das Renommier-Produkt ist, füllt Tommasi nur etwa zehn Prozent seiner 900 000 Flaschen jährlich mit diesem Spitzenwein. Denn der Valpolicella ist noch immer der meistverkaufte Wein dieser Region.

01 *Shoppingmeile Via Mazzini*
02 *Kreuzgang von San Giorgio (Valpolicella)*
03 *Veronas Piazza dei Signori von oben*
04 *Schön stehen die Reben bei Soave*

01
02
03
04
VERONA
MANTOVA
VILLAFRANCA DI VERONA
VALÉGGIO SUL MINCIO
PESCHIERA DEL GARDA
LEGNAGO
MONTAGNANA
LONIGO
MONTÉCCHIO MAGGIORE
ARZIGNANO
VALDAGNO
SCHIO
SOAVE
SAN BONIFÀCIO
Malcesine
Garda
Lazise
Bardolino
Castelnuovo del Garda
Pescantina
Bosco Chiesanuova
Tregnago
Cerea
Nogara
Sanguinetto
Bovolone
Ísola della Scala
Zévio
Lago di Garda
Monte Baldo
Monti Lessini
Val Policella
Valle di Squaranto
Pasubio
Piano d. Fugazze
Adige
82
Maßstab 1:300.000
0
5 km

Der Wein, die Liebe, der Gesang

„Verona, die uralte, weltberühmte Stadt … war immer gleichsam die erste Station für die germanischen Wandervölker, die ihre kaltnordischen Wälder verließen", wusste schon Heine. Und dort zieht es sie hin bis heute: Verona und sein Umland bilden den westlichsten Teil des Veneto. Von der Etsch steigt die Landschaft an, in die Hügel des Valpolicella. Geborgen in einer Etschschlaufe liegt die Altstadt Veronas mit einem der berühmtesten Open-Air-Konzertsäle: der Arena di Verona.

01 VERONA

Nach Venedig ist Verona (260 000 Einwohner) nicht nur die bekannteste Stadt des Veneto, sondern auch die meistbesuchte. Zu recht: Die Arena ist nicht nur während der Opernfestspiele sehenswert, und die Via Mazzini verlockt dazu, sich von Kopf bis Fuß neu einzukleiden. Verona war schon zu Zeiten der Römer eine bedeutende Stadt, ihre Lage am Ende des wichtigen – und einfachen – Alpenpasses über den Brenner prädestinierte sie dazu. So trafen sich hier drei römische Straßen: Via Claudia, die Nordverbindung, und nach Ost und West Via Postumia und Via Gallia. Aus der Römerzeit stammt denn auch das bekannteste Gebäude der Stadt, die Arena. Nachdem die Römer das Innere der einen Etschschleife mit einem Schachbrett-Grundriss überzogen und eine mächtige Stadt gebaut hatten, okkupierten die Goten den Platz. Theoderich der Große machte um 500 n. Chr. Verona zur Königsstadt der Völkerwanderung; in die deutsche Sagenwelt ging er als Diedrich von Bern ein. Im 13. Jh. residierten die Scaliger, 1387 wurden diese von den Visconti aus Mailand abgelöst, 1405 streckte die Serenissima ihre Finger nach der Stadt aus. Unter dieser Herrschaft blieb Verona über 400 Jahre; der venezianische Löwe, Symbol Venedigs, wurde so auch das Symbol Veronas.

SEHENSWERT Zentrum Veronas ist bis heute die **Arena di Verona** **TOPZIEL** auf der Piazza Bra. Das römische Amphitheater, im ersten Jahrhundert außerhalb der römischen Stadtanlage errichtet, wurde durch Erdbeben im 12. Jh. beschädigt; von der imposanten Außenmauer stehen nur noch vier Arkaden (Piazza Bra, 9.00 bis 19.00 Uhr, bei Opernaufführungen bis 15.30 Uhr, Mo. geschl.). Durch die **Via Mazzini**, Veronas schickste Promenier- und Einkaufsstraße, gelangt man in die Via Cappello zum Haus der Julia, offiziell **Casa Capuleti** genannt. Das Haus ist ein Patrizierpalast aus dem 14. Jh. (Via Cappello 23, Tel. 04 58 03 43 03, Di.–So. 8.00–19.00 Uhr). Die **Piazza Erbe** ist sicher der schönste Platz Veronas. Hier wird täglich ein Gemüsemarkt abgehalten, es gibt aber auch Souvenir-Krimskrams und rund um den Platz nette Restaurants. Von der **Torre dei Lamberti**, dem Wehrturm des Palazzo del Comune, hat man einen schönen Blick über die Stadt (Di.–So. 9.30–19.30 Uhr, Mo. ab 13.30 Uhr). Die **Piazza dei Signori** bildet das weltliche Zentrum Veronas. Das Dante-Denkmal dort erinnert daran, dass der aus Florenz vertriebene Dichter in Verona am Hof der Scaliger Zuflucht fand. Die **Arche Scaligere** – die Grabmäler des Herrschergeschlechts – werden gekrönt von einer lebensgroßen Reiterstatue des Cangrande I (Original im Castelvecchio). Die Dominikanerkirche **S. Anastasia** am Ende des gleichnamigen Corso wurde von 1290 bis 1481 erbaut. Zu den Kostbarkeiten im Innenraum zählt das Fresko des hl. Georg von Pisanello (9.00–18.30 Uhr, So. ab 13.00 Uhr). Die Via del Duomo führt zum Dom **Santa Maria Matricolare**, einem monumentalen romanischen Bau, der innen gotisiert wurde. Bemerkenswert sind die Fresken von Falconetto (1503) sowie Tizians „Mariä Himmelfahrt" in der ersten linken Seitenkapelle (8.30–18.30 Uhr). Am anderen Etschufer liegt das **Teatro Romano** (Anfang 1. Jh. n. Chr.). Auch hier finden im Sommer Konzerte statt. Weiter westlich an der Etsch liegt **Castelvecchio**: Diese mächtige ziegelrote Scaligerburg, das größte Bauwerk der Scaligerzeit, entstand 1354. **San Zeno Maggiore** im Westen der Altstadt gilt als Lieblingskirche der Veroneser. Der Schwarzafrikaner wurde Veronas Bischof, er starb 380, seine Gebeine ruhen in der Krypta. Zu den Kostbarkeiten der Stadt zählt das Portal: Es ist mit 48 Bronzeplatten verziert, die Szenen aus dem Alten und Neuen Testament zeigen (Mo.–Sa. 8.30–18.30, So. ab 13.00 Uhr.)

Opernaufführung in antikem Rahmen

MUSEEN Im **Museo di Castelvecchio** (Di. bis So. 8.30–19.30, Mo. ab 13.30 Uhr) ist außer der originalen Reiterstatue von Cangrande I Malerei des Veneto vom 14. bis zum 18. Jh. zu sehen, von Bellini über Tintoretto zu Tiepolo. Das **Museo Civico di Storia Naturale** überrascht mit einer umfangreichen prähistorischen Fossiliensammlung (Palazzo Pompei, Lungadige Porta Vittoria 9, Mo.–Do. u. Sa. 9.00–19.00, Fr. geschl. So 14.00 bis 19.00 Uhr, www.museostorianaturaleverona.it). Das **Museo Africano** wurde von der Mission der Comboniani eingerichtet, deren Gründer aus Limone am Gardasee stammt. Es zeigt eine reichhaltige Sammlung von Kunst und Haushaltsgegenständen aus Schwarzafrika (Vicolo Pozzo 1, Di.–Sa. 9.00–12.30, 14.30–17.30, So. 14.00 bis 18.00. Mo. geschl., www.museoafricano.org).

Blickfang: vor der Arena di Verona

MARKT Tgl. auf der Piazza Erbe, Di. und Fr. vor der Kirche San Zeno, Mi. und Fr. an der Porta Vescovo, jeden 3. Sa im Monat der „Mercato 3A" (Artigianato, Arte, Antiquario) auf der Piazza San Zeno.

VERANSTALTUNGEN Die berühmteste Veranstaltung Veronas sind die **Opernfestspiele**,

Tipp

Verona günstig entdecken

Die VeronaCard ist eine Dauereintrittskarte für Museen, Kirchen, Sehenswürdigkeiten und öffentliche Verkehrsmittel in der Stadt, man bezahlt 12 € für drei Tage oder 8 € für einen Tag. Erhältlich in jedem Museum. Tgl. außer Mo. startet um 10.00, 11.30, 13.00 und 15.30 Uhr an der Piazza Brà (Gran Guardia) eine Busrundfahrt durch das historische Zentrum und zu einem auf einem Hügel gelegenen Aussichtspunkt über der Stadt. Für 15 € kann man anschließend den ganzen Tag die öffentlichen Busverbindungen der Stadt benutzen.

Blickwinkel: der Dom von Verona

die jeden Sommer in der Arena stattfinden (Information und Vorbestellung: Tel. 04 58 00 51 51, www.arena.it; Kartenbüro in der Via Dietro Anfiteatro 6/B, Tel. 04 58 00 51 51). Vor jeder Opernaufführung in der Arena wird im Palazzo della Gran Guardia an der Piazza Bra eine Informationsveranstaltung organisiert. Für 35 Euro bekommt man ab 17.00 Uhr eine musikalische Einführung mit Musik – und Wein und einige Häppchen. Für 85 Euro gibt es dazu ein Gala-Abendessen im historischen Saal des Palazzo (www.anteprimaopera.it, Verona Tuttintorno, Tel. 04 58 00 94 61).

Begehrtes Objekt: die Juliastatue in Veronas Casa Capuleti

Im **Teatro Romano** gibt es im Sommer Theater, Tanz und Jazz (Karten im Palazzo Barbieri, Piazza Bra, Ecke Via Leoncino 61, Tel. 04 58 06 64 85, www.estateteatraleveronese.it).

RESTAURANTS In der **Trattoria Tre Marchetti** an der Piazza Erbe wird Veroneser Küche serviert, das Lokal zählt zu den besten der Stadt und wurde mehrfach ausgezeichnet (Vicolo Tre Marchetti 19/b, Tel. 04 58 03 04 63). Die € **Trattoria Giulietta e Romeo** liegt mitten im touristischen Trubel, und ist doch günstig und gut. Der Service ist rasch und freundlich, die Küche bietet Veroneser Spezialitäten (Corso S. Anastasia 27, Tel. 04 58 00 91 77, So. geschl.).

UNTERKUNFT Die € **Locanda Catullo** in der Altstadt ist eine einfache Pension, mit ordentlichem Preis-Leistungs-Verhältnis (Via Catullo 1, Tel. 04 58 00 27 86, locandacatullo@tiscalinet.it).

INFORMATION

I.A.T. Verona
Piazza Bra
37121 Verona
Tel. 04 58 06 86 80
www.tourism.verona.it

02 VALPOLICELLA

Die Wurzeln der Weinbauregion in den Hügeln nördlich von Verona liegen weit in der Vergangenheit. Schon der Name weist darauf hin, der eine Verbindung aus Latein und Griechisch sein soll: Tal der vielen (Wein-)Keller.

SEHENSWERT Das Valpolicella durchstreift man am besten an einem Tag, gemütlich von einem Ort zum anderen, mit Zwischenstopps auf Weingütern, bei Villen oder Trattorien. In **San Giorgio di Valpolicella** wartet die romanische Kirchen- und Klosteranlage (8.–12. Jh.) mit einem hübschen Kreuzgang und einem Ziborium, also einem Messkelch zur Aufbewahrung der Hostien, aus dem Jahr 712. In **Pedemonte** (ausgeschildert) lohnt das Weingut Santa Sofia einen Besuch; es ist in die Villa Sarego Boccoli eingezogen, die Palladio entworfen hatte. In **Negrar** kann der im 18. Jh. entworfene Park der Villa Rizzardi besichtigt werden (Do. und Sa. 15.00–19.00 Uhr). **Ponte di Veja** gilt als größte Naturbrücke Europas, sie ist 50 m hoch und 17 m breit, ein natürlicher Felsbogen, der sich beim Einsturz des Innengewölbes einer Karsthöhle bildete. Unter den Felsbrocken des Höhlengewölbes wurden Spuren aus der Altsteinzeit entdeckt. Die Brücke liegt in der Nähe von Sant'Anna d'Alfaedo, im Norden des Valpolicella. Man fährt von Fane in Richtung Sant'Anna d'Alfaedo bis zur Abzweigung bei „Croce dello Schioppo", dort in Richtung Giare und dann nach Ponte di Veja. Die **Cascate di Molina** sind eine Abfolge von Wasserfällen, Bächen und kleinen Seen, drei unterschiedliche kurze Wanderwege von einer halben bis zu drei Stunden, führen durch das Tal. In **Molina** erklärt ein Botanisches Museum die Natur der Region.

MUSEEN Eine umfangreiche Sammlung botanischer Besonderheiten zeigt das **Museo Botanico della Lessinia**, Molina, Via B. Bacilieri 19, www.cascatemolina.it, Juli und August 9.00 bis 18.00, sonst 9.30–12.30 Uhr sowie Di. und Do. 15.00–16.00 Uhr, Mo. geschl.

AKTIVITÄTEN Entlang der Weinstraße **Strada del Vino Valpolicella DOC** haben sich 90 Kellereien zusammengeschlossen, die man besichtigen kann. Fast überall kann man Wein probieren und kaufen. Eine Karte mit Adressen und der Route gibt es beim Fremdenverkehrsamt, weitere Informationen auf www.stradadelvalpolicella.com und beim Consorzio Tutela Vini Valpolicella, Tel. 34 07 79 98 28.

INFORMATION

I.A.T. Valpolicella
San Pietro in Cariano
Via Ingelheim 7
Tel./Fax 04 57 70 19 20
www.tourism.verona.it

03 BOSCO CHIESANUOVA (LESSINIA)

Lessinia nennt sich das Berggebiet nördlich des Valpolicella, das im Westen an die Etsch grenzt. Es ist für Sommerurlaub und Wintersport gleichermaßen geeignet. Dazu gehören auch die 13 sogenannten zimbrischen Gemeinden mit dem Hauptort Giazza.

SEHENSWERT In **Monteforte d'Alpone** befindet sich im Bischofspalast mit Kreuzgang eine Enoteca (Mo. geschl.). In **Bolca**, ganz im Südosten der Lessinia gelegen, war vor rund 50 Mio. Jahren eine Tropenlagune – hier ruht ein Schatz an Fossilien im Kalk, zu sehen im Museum des Ortes.

MUSEEN Das **Ethnografische Museum der Zimbern** dokumentiert Haushaltsgegenstände und auch die Sprache der Zimbern (Museo Etnografico dei Cimbri, Giazza, Via di Sopra 62, www.lessiniamusei.it, www.cimbri.it, Mi., Sa, So. 14.30–18.30 Uhr, Juli/August Di., Fr. 14.30–18.30, Sa./So. 10.00–12.30 u. 14.30–18.30 Uhr). Das ethnografische Museum **La Lessinia: l'uomo e l'ambiente** widmet sich der Bevölkerung der Lessinia, es zeigt Almwirtschaft, Heusammeln, Milchverarbeitung und Köhlerei (Bosco Chiesanuova, Via Spiazzi 4, www.boscochiesanuova.net, Juli/Aug, Di, Fr., Sa., So, 16.30–18.30, in den anderen Monaten nur Sa./So 16.30–18.30Uhr). Das Fossilienmuseum **Bolca** beherbergt eine der umfangreichsten Sammlungen an Fossilien Italiens, alles Fundstücke aus der direkten Umgebung des Dorfes (Via S. Giovanni Battista, www.lessiniamusei.it, Nov.–Feb. 10.00–12.00 und 14.00–17.00, März-Okt. 9.00–13.00 u. 14.00–18.30 Uhr).

Tipp

Kost und Logis

Viticoltori Tommasi gehört zu den alteingesessenen Weingütern der Region. Man kann dort unkompliziert Wein probieren, ein kleines Museum besichtigen und natürlich den hauseigenen Valpolicella oder den gehaltvollen Amarone kaufen. Wer nicht in Verona übernachten will, der kann auch im Hotel der Tommasi übernachten, es heißt €€€ **Villa Quaranta**. Die Villa wurde ab 1639 gebaut, sie war die Sommerresidenz der Veroneser Familie Quaranta. Es gibt eine Hauskapelle mit barocken Fresken, einen hübschen Park mit richtig großem Pool, eines der größten Wellness-Center der Region, sowie das ausgezeichnete Restaurant €€€ **Borgo Antico**.

Tommasi Viticoltori, Via Ronchetto 2
37020 Pedemonte di Valpolicella
Tel. 04 57 70 12 66
www.tommasiwine.it

Villa Quaranta Park Hotel
Ospedaletto di Pescantina
Tel. 04 56 76 73 00
www.villaquaranta.com

UNTERKUNFT Ein gemütliches, recht alpines Hotel ist das Drei-Sterne Haus € **Hotel Lessinia** in Bosco Chiesanuova, mit hauseigener Gelateria (Piazzetta Alpini 3, Tel 04 56 78 01 51, www.hotellessinia.it).

INFORMATION
IAT di Bosco Chiesanuova
Piazza della Chiesa 34
37021 Bosco Chiesanuova
Tel./Fax 04 57 05 00 88
iatbosco@provincia.vr.it

04 SOAVE

Soave hat seine Stadtmauer aus dem 14. Jh. vollkommen erhalten können. Diese zieht sich auch den Burghügel hinauf. Gemessen am Bekanntheltsgrad des Ortes dank des gleichnamigen Weines überrascht, wie klein Soave ist: Es zählt nur 6500 Einwohner. Das auffällige Kastell über Soave wurde schon von den Römern gegründet, dann immer weiter ausgebaut, zuletzt von den Venezianern.

SEHENSWERT Der **Palazzo Cavalli** wurde 1411 (Freskenreste an der Fassade) vom venezianischen Statthalter erbaut. Die **Pfarrkirche** baute man zuletzt im 19. Jh. um. Im zinnengeschmückten **Palazzo di Giustizia** (1375) gibt es im Erdgeschoss ein nettes Café. Das **Skaligerkastell** erreicht man über eine lange Treppe den Hügel hinauf, oder auch mit dem Auto. Im höchsten der drei Innenhöfe gibt es einen alten Brunnen, man kann die Waffenkammer und einige Säle besichtigen, schön ist der Blick von oben über die Stadt (Di.–So. 9.00–12.00 u. 15.00–18.30 Uhr).

UMGEBUNG Nördlich der Stadt zieht sich das gleichnamige Weinanbaugebiet in die Hügel. Der Soave ist ein Weißwein auf der Grundlage der Garganega-Traube. Die **Strada del Soave** führt zu Kellereien (Associazione Strada del Vino Soave, Soave, Via Mattielli 11, Tel./Fax 04 57 68 14 07, www.stradadelvinosoave.com).

INFORMATION
I.A.T. Est Veronese
37038 Soave
Foro Boario 1
Tel./Fax 04 56 19 07 73
iat@estveronese.it

Nicht versäumen!

ERLEBEN

Und nur der Mond schaut zu?
Ein Opernabend in der Arena di Verona ist ein wunderbares Rundum-Ereignis. Rund 20 000 Zuschaucher erleben dabei vor antiker Kulisse einen musikerfüllten Sommernachtstraum unter dem Sternenhimmel: Was will man mehr?

TOPZIEL Siehe Nr. 01

KULTUR

Wo Romeo seine Julia küsste
Shakespeares Julia gibt es nur literarisch, der Balkon ist nicht echt, aber was macht das schon? Einmal im Hof dieses hübschen Palazzo in Verona zu stehen, das obligatorische Foto machen und an die große Liebe glauben, wer will das nicht?

Siehe Nr. 01

ERLEBEN

Edle Tropfen auf der Weinstraße
Entlang der Strada del Vino Valpolicella DOC haben sich 90 Kellereien zusammengeschlossen, die man besichtigen kann. Fast überall kann man Wein probieren und kaufen.

Siehe Nr. 02

NATUR

Die größte Naturbrücke Europas
Die Ponte di Veja ist ein natürlicher Felsbogen, der sich beim Einsturz des Innengewölbes einer Karsthöhle bildete. Unter den Felsbrocken des Höhlengewölbes wurden Spuren aus der Altsteinzeit entdeckt.

Siehe Nr. 02

KULTUR

Auf den Spuren der Vergangenheit
Im höchsten der drei Innenhöfe des Skaligerkastells in Soave gibt es einen alten Brunnen; zudem kann man die Waffenkammer und einige Säle besichtigen. Besonders schön ist der Blick von oben über die Stadt

Siehe Nr. 04

Leben und leben lassen

In der fruchtbaren Landschaft zwischen Padua und Vicenza wuchs der Reichtum der Serenissima weiter – man baute sich edle Villen als Herrschaftshäuser auf dem Land. In den Städten aber formten sich Geistesgrößen: In Vicenza wirkte Palladio die meiste Zeit seines Lebens, in Padua konnte Galileo Gallilei ungehemmt forschen, und hier setzte sich auch die erste Frau einen Doktorhut auf.

Im Garten der Villa Pisani bei Padua

01

02

Über Palladio wurde gesagt, bei ihm sei alles Proportion, alles Symmetrie, alles nachtwandlerisch guter Geschmack.

In Vicenza und Umgebung zeigt sich deutlich, wie Venedigs Krise das Land veränderte. Die Türken siegten auf dem Mittelmeer, Amerika wurde entdeckt, mit dem Welthandelsmonopol der Serenissima ging es zu Ende. Venedig brauchte neue Märkte und Ressourcen und fand diese vor der Haustür – besser gesagt: beim Hinterausgang. Die Seemacht Venedig begann sich ab dem 15. Jahrhundert auf dem Festland auszubreiten. Die Städte im Hinterland wurden bedeutsamer, ihr Umland auch. Hinzu kam eine sich anbahnende neue Sicht auf die Welt. War der Mensch im Mittelalter eingebunden in eine feste Weltordnung, entdeckt er in der Renaissance das Individuum, und somit Lebensgenuss und Festfreude.

Dieses neue Selbstbewusstsein verlangte nach repräsentativen Bauten, und der Geist der Zeit konnte sich als adäquate Behausung nichts Schöneres vorstellen als eine Rückbesinnung auf die Antike, eben die „Wiedergeburt“ – Renaissance – klassischer Schönheitsideale. Dies schuf in der Architektur wie kein anderer Palladio, über den gesagt wurde, bei ihm sei alles Proportion, alles Symmetrie, alles nachtwandlerisch guter Geschmack. Palladios Stil verbreitete sich von Italien aus in der Welt: Selbst das „Weiße Haus“ in Washington ist eine typisch palladianische Villa.

Der berühmteste Dichter Italiens

Ein Vorläufer dessen, was später die berühmten Villen des Venetos wurden, steht in Arquà Petrarca, einem Dorf in den Euganeischen Hügeln südlich von Padua. Dort habe er sich ein kleines, anmutiges Haus gebaut, schrieb Francesco Petrarca 1371. „Hier verbringe ich friedvoll die letzten Jahre meines Lebens, gedenke der fernen, verstorbenen Freunde und umarme sie in stetiger Erinnerung.“ Damals war Petrarca der berühmteste Dichter Italiens. Sein Haus ist klein und gemütlich mit geduckten Zimmern und einer angenehmen Atmosphäre – eben so, wie man sich eine Dichterklause vorstellen mag: keine Festung, sondern ein Heim mit Bibliothek und Wohnräumen.

Auf dem Wasser unterwegs

Auf seiner Reise nach Rom war Goethe im Veneto auch per Schiff unterwegs. Im September 1786 fuhr er von Padua nach Venedig. Die Fahrt auf der Brenta mit dem öffentlichen Schiffe sei, so schrieb Goethe, anständig und angenehm, „da die Italiener sich voreinander in acht nehmen. Die Ufer sind mit Gärten und Lusthäusern geschmückt, kleine Ortschaften treten bis ans Wasser, teilweise geht die belebte Landstraße daran hin.“ So eine Schiffstour, am besten in einem historischen Barchiello,

01 *Palladios Villa Rotonda bei Vicenza*
02 *Piazza dei Signori in Vicenza*
03 *Casa Pigafetta in Vicenza*
04 *Feinkostgeschäft Il Ceppo in Vicenza*

01

02

Form und Vollendung

Ein früher Bewunderer Palladios war Goethe, der meinte, dieser sei ein „recht innerlich und von innen heraus“ großer Mensch gewesen; in seinen Anlagen „ist wirklich etwas Göttliches“.

Pallas Athene, Palladius, Palladio

Palladio wurde im Jahr 1508 als Andrea di Pietro della Gondola in Padua geboren. Der adlige Humanist Trissino erkannte in dem Analphabeten das Talent, nahm ihn mit nach Rom, ließ ihn ausbilden, und verlieh ihm den Namen, unter dem er unsterblich wurde: Palladius – nach Pallas Athene, Göttin der Weisheit. Die meiste Zeit lebte Palladio in Vicenza und formte aus dieser Stadt ein architektonisches Zentrum der Renaissance. So entwarf er etwa die Basilica Palladiana, den Ratssaal von Vicenza, der mit seiner malerischen Außentreppe zum Symbol der Stadt wurde; 1546 hatte der 38-jährige Palladio den Auftrag dafür erhalten. 1580 entwarf der nun berühmte Palladio dann seiner Stadt ein letztes Haus, das Teatro Olimpico.

Hatte Palladio schon Vicenza grundlegend geändert, so traf das noch viel mehr auf das Umland zu. Die Palladio-Villen kamen 1996 zusammen mit der Stadt Vicenza auf die UNESCO-Liste des Weltkulturerbes. Palladio selbst schrieb über „La Rotonda“, sie stehe auf einem der anmutigsten Plätze, die man finden könne.

Auch in Venedig gestaltete Palladio die Stadt um. Der Doge betraute ihn mit der Gestaltung einer neuen Fassade von San Pietro di Castello. Danach erhielt er den Auftrag zum Neubau von San Giorgio und schließlich baute er im Jahr 1576 im Auftrag der Signoria die Votivkirche Il Redentore auf der Insel Giudecca.

Sein letzter Sakralbau war der Tempietto Barbarano, eine Kapelle für die Familie seines Mäzens Marcantonio Barbaro. Die Vollendung dieser Kirche erlebte Palladio nicht mehr; er starb am 19. August 1580.

Palazzo Chiericati in Vicenza

Palladios Teatro Olimpico in Vicenza: göttlich erscheinende Architektur nach menschlichem Maß

zeigt bis heute das Veneto von seiner schönsten Seite. Die weniger schönen sollte man aber auch nicht verschweigen: Gerade die Gegend zwischen Venedig und Padua ist fürchterlich zersiedelt. Allerbanalste Architektur bei Privathäusern, Fabriken, Einkaufszentren. Der Verkehr kollabiert häufig nahezu – man sollte ausreichend Zeit einplanen, wenn man etwa zum Flughafen in Venedig mit dem Mietwagen fährt. Im Stopp and Go geht es auf den Autobahnen kaum voran, eingekeilt in Kolonnen von Lkw. Die Region ist heute wieder relativ wohlhabend – das ist der Preis dafür.

Paduas Heiliger

Als um das Jahr 1195 in Lissabon Fernandez Martin de Bulhorn als Sohn einer begüterten Adelsfamilie geboren wurde, war nicht abzusehen, dass dies einmal zum Bau einer der meistbesuchten Kirchen der Welt führen würde. Im Alter von 16 Jahren ging der Knabe ins Kloster und nahm bald darauf den Namen Antonius an – die eigentliche Geburtsstunde des heiligen Antonius. Als Bußprediger reiste er viel, in Assisi wurde seine außerordentliche Gabe als Redner entdeckt. Schließlich kam er nach Padua, legte im Jahr 1230 erschöpft von all den Reisen seine Ämter nieder und lebte noch ein Jahr auf dem Landgut Camposampiero bei Padua. Seine Fastenpredigten in Padua hatten sensationellen Erfolg – keine Kirche war groß genug, er musste ins Freie ausweichen. Im Jahr 1231 starb Antonius bei den Klosterfrauen von Arcella bei Padua und wurde zunächst in S. Maria Maggiore beigesetzt, ehe man 1236 seine Gebeine in die neue, ihm geweihte Basilika in Padua übertrug. Und bis heute ist der heilige Antonius in Italien hoch angesehen – er soll verlorene Dinge zurückbringen und Ehen retten. An seinem Gedenktag, dem 13. Juni, quillt Padua förmlich über vor Pilgern. Sogar der dortige Prato della Valle – mit 88 620 Quadratmetern immerhin der drittgrößte Platz Europas nach

01 *Die Villa Pisani in der Nähe von Padua*
02 *Arquà Petrarca: Blick auf die Euganeischen Hügel*

01

02

dem Roten Platz in Moskau und der Place de la Concorde in Paris – vermag dann die Menschenmassen kaum zu fassen.

Wunder und Wissenschaft

Doch zum Glauben an die Wunder gesellte sich in Padua recht früh das Vertrauen in die Wissenschaft. Die Universität wurde 1222 gegründet, Kopernikus war hier Student. Einer der bedeutendsten Dozenten – Galileo Galilei – trat 1592 als 28-Jähriger seinen Lehrstuhl für Mathematik an. 1633 wurde er von der Inquisition gezwungen, dem kopernikanischen Weltbild (nach dem die Erde sich dreht und um die Sonne bewegt) abzuschwören. „Und sie dreht sich doch", soll er beim Hinausgehen aus dem Gericht gemurmelt haben.

Die erste Doktorandin des Abendlands

Im Jahr 1646 in Venedig geboren, lernte Helena Lucretia Cornelia Piscopia schon im Alter von sieben Jahren Fremdsprachen. Lateinisch, Hebräisch, Arabisch, Spanisch, Französisch und Griechisch soll sie später fließend gesprochen haben. Mit 26 Jahren kam sie an die Universität von Padua, ihre Leidenschaft galt der Theologie. Doch der Bischof von Padua – zugleich Kanzler der Universität – stimmte der Verleihung eines theologischen Grades an eine Frau nicht zu. Stattdessen wurde ihr nahegelegt, einen Doktortitel in Philosophie zu erwerben. Tatsächlich bestand Helena Lucretia Cornelia Piscopia ihr Promotionskolloquium im Jahr 1678 mit Bravour. Der Andrang dazu war so groß, dass die Prüfung von der Universität in die Kathedrale von Padua verlegt werden musste. Dennoch zog sie sich bald von der Wissenschaft zurück und trat in ein Kloster ein.

Heute drängen sich rund 65 000 Studierende in den Hörsälen, über die Hälfte sind Frauen. Nach den Vorlesungen trifft man sich gern auf ein Gläschen Wein im legendären Caffè Pedrocchi – 1848 die Wiege des Studentenaufstands gegen die Besetzung durch die Österreicher.

01 *Die Antoniusbasilika in Padua*
02 *Der Palazzo della Ragione in Padua*
03 *Prato della Valle in Padua*

BASSANO DEL GRAPPA
MARÒSTICA
MONTEBELLUNA
TREVISO
THIENE
CASTELFRANCO VENETO
CITTADELLA
VICENZA
MONTECCHIO MAGGIORE
Piazzola s.Brenta
Camposampiero
Noale
Scorzè
Martellago
Salzano
Mirano
Spinea
Mira
Dolo
PÁDOVA
ABANO TERME
Piove di Sacco
Camponogara
Parco d. Colli Euganei
Colli Euganei
BARBARANO VICENT.
Mti Berici
MONTAGNANA
ESTE
MONSÉLICE
CONSELVE
CAVÀRZERE
BADIA POLESINE
LENDINARA
ROVIGO
ÁDRIA
LOREO
Anguillara Veneta
01
02
03
04
05
70
100
58
Maßstab 1:300.000
0
5 km

Entdeckungen im Hinterland

Das flache Land um Padua und bis nach Vicenza ist durchzogen von Kanälen und Flüssen, an denen entlang sich Venedig einst ins Hinterland ausbreitete. Die Städte sind venezianisch geprägt, über das ganze Land verstreut stehen prachtvolle Villen aus den Glanzzeiten der Serenissima. Am beeindruckendsten sind Palladios Villen, hinter deren Prachtfassaden sich oft zweckmäßige Landhäuser verbergen, auf behagliches Wohnen und kostensparende Bewirtschaftung angelegt.

01 PADUA

Die mittelgroße Stadt (220000 Einwohner) liegt nur 30 km landeinwärts von Venedig entfernt. Berühmt ist ihre im Jahr 1222 gegründete Universität, ein Drittel der Einwohner sind Studenten. Auffällig im Stadtbild: die zahlreichen Fresken an den Häuserwänden. Der heilige Antonius, der 1231 in Padua starb und hier begraben ist, gehört zu den volkstümlichsten Heiligen Italiens.

SEHENSWERT Der **Palazzo del Bò**, Sitz der Universität, stammt aus dem 16. Jh., im Innenhof sind alte Wappen zu sehen. Der eindrucksvolle Anatomie-Saal von 1584 kann besichtigt werden (Tel. 04 98 27 30 44 47, Via VIII Febbraio). Die Kirche **Santa Giustina** (12.–16. Jh.) gilt als eine der größten der Welt. Das Altarbild stammt von Veronese. Im linken Querschiff sollen die Gebeine des Evangelisten Lukas bestattet sein. Auf dem riesigen **Prato della Valle**, der einstigen Pferderennbahn, stehen 80 Statuen. Sie zeigen bedeutende Bürger Paduas. Wichtigste Kirche ist die **Antoniusbasilika**, die Grabkapelle des heiligen Antonius. Imposant sind die vier Kreuzgänge; in der Scuola del Santo gibt es in der oberen Etage einen Freskenzyklus zum Leben des hl. Antonius, drei der Fresken sind von Tizian. Auf dem Vorplatz steht die erste gegossene Reiterstatue Europas, geschaffen um 1450 von Donatello. Sie zeigt den Söldnerführer Erasmo da Narni, genannt Gattamelata. Die **Scrovegni-Kapelle** steht nahe den Resten der römischen Arena, die farblich sehr gut erhaltenen Fresken malte Giotto di Bondone um 1305. Außerdem in der Kapelle eine Madonnenstatue von Giovanni Pisano (Tel. 04 92 01 00 20, 48 Stunden vorher anmelden, Zugang durch die Musei Civici). An Piazza delle Erbe und Piazza della Frutta (mit Obst- und Gemüsemarkt) steht der **Palazzo della Ragione**, sozusagen das Einkaufszentrum der Paduaner.

Tipp

Treffpunkt Pedrocchi

Das Caffè Pedrocchi ist ein legendäres Kaffeehaus. 1831 eröffnet, wurde es zum Treffpunkt des italienischen Risorgimento, der Einigungsbewegung – stolz verweist man in diesem Zusammenhang auf ein Einschussloch in der Wand. Im Obergeschoss gibt ein kleines Risorgimento-Museum, aber auch ohne historische Reminiszenzen ist das Café in Padua *der* Treffpunkt bei Tag und bei Nacht!

Via VIII Febbraio 15, Tel. 04 98 78 12 31, www.caffepedrocchi.it

Tipp

Preisgünstig durch Padua

Mit der PaduaCard (14 Euro, gültig für 48 Std.) bekommt man freien Eintritt in zahlreichen Museen, kann umsonst mit dem Linienbus fahren und an einigen Parkplätzen umsonst das Auto abstellen.

Informationen unter Tel. 04 98 76 79 27 und beim Tourismusamt

MUSEUM Im 1895 gegründeten **Museo Antoniano** (Piazza del Santo, Di.–So. 9.00–13.00 u. 14.00–18.30 Uhr) sind viele Schätze aus der Basilika zu sehen. Im **Museo del Precinema Collezione Minici Zotti** (Palazzo Angeli, Prato della Valle 1/a, www.minicizotti.it, 15. Juni–14. Sept. 16.00 bis 22.00, sonst 10.00–16.00 Uhr, Di. geschl.) werden optische Geräte und Laterna-Magica-Apparate aus der Frühzeit des Kinos gezeigt.

SPORT In der Gegend von Padua gibt es Golfplätze, die zu den bekanntesten Italiens zählen: Golf Club Frassanelle, www.golffrassanelle.it; della Montecchia, www.golfmontecchia.it, Golf Club Padua, www.golfpadova.it, Terme di Galzignano, www.golfclubgalzignano.it.

ÜBERNACHTEN Das kleine € **Hotel Al Fagiano** ist nur rund 100 Meter von der Piazza del Santo entfernt (Via Locatelli 45, 35123 Padua, Tel. 04 98 75 00 73, www.alfagiano.com).

UMGEBUNG Paduas wassereiches Hinterland TOPZIEL ist für viele Entdeckungen gut. Die Brentavillen waren Sommersitze und zugleich gestylte Bauernhöfe des venezianischen Adels. Allein am Brentakanal zwischen Venedig und Padua sind es fast 80, nur wenige kann man besichtigen. In Stra (10 km östlich von Padua) steht die größte der venezianischen Villen, die **Villa Pisani Nazionale** (Di.–So. von 9.00 Uhr bis Sonnenuntergang) mit einem großen Park, Deckengemälde von Tiepolo. Infos zu den Villen gibt es bei allen Fremdenverkehrsämtern der Region und im Internet unter: www.reise-nach-italien.de/villen-venetien.html). Ausflüge auf den Kanälen und dem Brentafluss organisieren zahlreiche Unternehmen. Meist passiert man Villen, fährt durch die Stadt Padua oder bis nach Venedig. Hübsch ist das vor allem in traditionellen Holzbooten, „burchi“ genannt („Deltatour“, Via Toscana 2, 35127 Padova, Tel. 04 98 70 02 32, www.deltatour.it, deltour@tin.it. „Il Burchiello“ startet seine Touren täglich in Padua um 8.15 Uhr und endet um 18.45 Uhr in Venedig, Via Orlandini 3, 35131 Padua, Tel. 04 98 20 69 10, www.ilburchiello.it).

Studentenleben in Padua

INFORMATION
A.P.T., Riviera dei Mugnani 8,
Tel. 04 98 76 79 11, www.turismopadova.it
I.A.T., am Bahnhof Stazione F.F.S.S,
Tel. 04 98 75 20 77

Rundum wohlfühlen

Die über 100 Hotels in Abano haben praktisch alle eigene Kuranlagen. Das **Hotel Terme Metropole** bietet sämtliche Fango-Anwendungen sowie moderne asiatische Spa-Programme. Bestechend bei diesem Haus sind die vier Thermalschwimmbäder im großen Park, zu denen sich ein ordentliches großes Sportbecken gesellt.

Hotel Terme Metropole, Via Valerio Flacco 99, 35031 Abano Terme, Tel. 04 98 61 91 00, www.gbhotelsabano.it

02 ABANO

Das weltberühmte elegante Kurbad zieht nicht nur Heilung-, sondern auch Erholungsuchende an. Die Lage zu Füßen der Euganeischen Hügel macht Abano Terme zu einem beliebten Ort auch für Radfahrer und Wanderer.

SEHENSWERT Schon die Römer nutzten das Heilwasser, das mit 87 Grad an die Erdoberfläche kommt. Man trifft sich in der **Viale delle Terme**, der Allee in der Ortsmitte. Eine der größten Kuranlagen ist **Montirone**; der klassizistische Säuleneingang dominiert das Zentrum Abanos. Stolz ist man auf den modernen **Thermalpark**, weitläufig angelegt, mit Fußgängerzone und Geschäften. Das **Grand Hotel Orologio** wurde im 18. Jh. für Kurgäste gebaut; im gegenüberliegenden **Hotel Trieste & Victoria** war während des Ersten Weltkriegs das italienische Oberkommando untergebracht.

UMGEBUNG Ein wunderbares Wandergebiet sind die **Euganeischen Hügel**, die ganz unvermutet aus der Poebene aufsteigen. Tipps und Karten für Wander- oder Fahrradtouren gibt es beim Tourismusbüro in Abano Terme.

INFORMATION
I.A.T., Via Pietro d'Abano 18, 35031 Abano Terme, Tel. 04 98 66 90 55 www.termeeuganeeapt.net

03 ROVIGO

Rovigo nennt sich Stadt der Rosen, aus poetischen Gründen: Ludovico Ariosto beschrieb die Stadt so in seinem Werk „Der rasende Roland".

SEHENSWERT Der **Corso del Popolo**, die Hauptstraße des Ortes, war eigentlich ein Nebenarm der Etsch, der in den 1950er-Jahren zugeschüttet wurde. Der Turm **Torre Donà** im kleinen Stadtpark gehörte zur Burg, um 920 gebaut. Der **Duomo Santo Stefano** wurde erst 1729 gebaut, auch wenn er mit seinen Wandpfeilern so tut, als wäre er von Palladio. Auf der **Piazza Vittorio Emanuele** steht eine Markussäule, Zeichen der Zugehörigkeit zu Venedig.

MUSEEN In der **Accademia dei Concordi** ist die Pinakothek untergebracht, mit eindrucksvollen Beispielen venezianischer Malerei von Tizian, Bellini, Tiepolo (Piazza Vittorio Emanuele II 14, 45100 Rovigo, Tel. 042 52 16 54, www.concordi.it, Mo.–Fr. 9.30–12.00 u. 15.30–18.30, Sa./So. 10.00 bis 12.00, Juli/Aug. Mo.–Sa. 10.00–12.00 Uhr). Außerhalb, im Konvent San Bartolomeo, zeigt das **Museo dei Grandi Fiumi** multimedial, dass Europa an Flüssen entlang entstanden ist (Piazzale San Bartolomeo, Tel. 042 52 50 77, www.museograndifiumi.it, Di.–Fr. 9.00–13.00, Sa./So. 10.00 bis 13.00 u. 15.30–19.00 Uhr).

INFORMATION
A.P.T., Via J.H. Dunant 10, 45100 Rovigo, Tel. 04 25 36 14 81, apt-14@mail.regione.veneto.it

04 ESTE

Este war ab etwa dem Jahr 1000 Stammsitz der Herrscher von Ferrara. Ein 1000 m langer zinnengekrönter Mauerring erinnert bis heute an diese Zeiten.

SEHENSWERT Im **Nationalmuseum** im Schloss (Museo Nazionale Atestino, Via Guido Negri, 9/c, Este, Tel. 04 29 20 85 tgl. Di.–So. 9.00 bis 19.00 Uhr) sind Funde aus der Eisenzeit zusammengetragen, die zu den wichtigsten in Italien zählen, außerdem ein etruskisches Grab.

UMGEBUNG **Montagnana** (15 km westl.) umschließt ein fast 2 km langer Mauerring mit 24 Türmen. Der Palazzo del Municipio stammt von Sanmicheli (1538), der Palazzo Pisani von Palladio (1560). Zur Feier der Vertreibung des Tyrannen Ezzelino aus Montagnana findet jeden 1. September-So. der „Palio dei dieci comuni" statt, ein Pferderennen um die Stadtmauer.
Schön am Abhang eines Hügels gelegen ist **Arquà Petrarca**, 8 km nordöstl. von Este. Hier verbrachte der Dichter Francesco Petrarca (1304 bis 1374) seine letzten Lebensjahre, sein kleines Haus ist jetzt ein Petrarca-Museum. Leider sind die meisten Erklärungen in der Ausstellung nur auf Italienisch, doch ein Besuch in dem hübschen Renaissance-Haus mit Garten lohnt sich dennoch (Casa del Petrarca, Via Valleselle 4, Arquà Petrarca, Tel. 04 29 71 82 94, www.arquapetrarca.com, März-Okt. 9.00–12.30 u. 15.00–19.00, Nov.-Feb. 9.00–12.30 u. 14.30-17.30 Uhr, Mo. geschl.).

INFORMATION
I.A.T., Piazza Maggiore 1, 35042 Este Tel. 04 29 36 35, estecomune@libero.it

05 VICENZA

Vicenza ist *die* Stadt Palladios schlechthin, auch wenn der berühmte Architekt der Re-

Auf den Spuren Palladios

Das Fremdenverkehrsamt von Vicenza organisiert Führungen auf den Spuren Palladios, auch auf Deutsch. Treffpunkt ist Samstagnachmittag, 14.00 Uhr, vor dem FVA Vicenza, Piazza Matteotti 12. Man macht mit der Gruppe einen Rundgang, daran schließt sich eine Busfahrt zu einigen Villen an.

Tel. 044 43 20 85, www.vicenzae.org, info@vicenzae.org

Die trauen sich: Hochzeitspaar in Vicenza

naissance nicht hier, sondern in Padua geboren wurde. Denn hier stehen seine berühmsten Bauten, die Basilika und das Teatro Olimpico. Ab dem Jahr 1404 gehörte Vicenza, als römisches Vicetia gegründet, zu Venedig.

SEHENSWERT Am besten besorgt man sich im Info-Büro auf der Piazza Matteotti einen Stadtplan, darin sind alle Palladio-Bauten eingezeichnet. Die **Basilica Palladiana** ist der ehemalige Ratssaal (Piazza dei Signori, Tel. 04 44 32 36 81, Di.–So. 9.00–17.00, im Sommer 10.00–19.00 Uhr). Das **Teatro Olimpico** liegt etwas versteckt in einem Hof, ist aber dank der Ausschilderung gut zu finden (Piazza Matteotti 11, Tel. 04 44 22 28 00, Di.–Sa. 9.00–17.00, Juli u. Aug. bis 19.00 Uhr; Informationen zu Musikwochen im Teatro Olimpico bei Settimane Musicali al Teatro Olimpico, Tel. 34 74 92 50 05, www.olimpico.vicenza.it).

MARKT Le Piazze dei Sapori nennt sich ein Markt auf der Piazza dei Signori mit regionalen Produkten aus dem Veneto und anderen Regionen Italiens. Hier gibt es keine Supermarkt-Massenware, sondern nur Produkte direkt vom Hersteller: Schinken, Käse, Salami, Pastasoßen – alles, was nicht nur das italienische Herz begehrt (vorletztes September-Wochenende).

UMGEBUNG Die „Runde Villa", die **Villa Capra Valmarana „La Rotonda"**, ist die bekannteste aller Palladio-Villen (Via Rotonda 29, 36100 Vicenza, Tel. 04 44 32 17 93, 15. März bis Anfang Nov. Di., Mi., Do. 10.00–12.00 u. 15.00 bis 18.00 Uhr nur der Park, Mi. 10.00–12.00 u. 15.00 bis 18.00 Uhr Besichtigung der Villa). Die **Villa Valmarana „ai Nani" Palazzina e Foresteria** aus der Spätrenaissance wurde 1668 gebaut. Berühmt sind die Tiepolo-Fresken im Inneren. Die „17 Zwerge" – 17 nani –, die der Villa den Namen gaben, stehen auf der Mauer, die um das Grundstück gezogen ist (Via dei Nani 2–8, 36100 Vicenza, Tel. 04 44 54 39 76, www.villavalmarana.com, 15. März bis Anf. Nov. Mi., Do., Sa., So. 10.00 bis 12.00 Uhr und jeden Nachmittag außer Mo.). In **Marostica**, einer turmreichen mittelalterlichen Stadt 30 km nördlich von Vicenza, wird jedes zweite Jahr (in der zweiten Septemberwoche, gerade Jahreszahlen) eine historische Schachpartie mit lebenden Figuren ausgetragen. Das Fest geht zurück auf eine Brautwerbung im Jahr 1454. Um zu vermeiden, dass die Kontrahenten sich die Köpfe blutig hauen, ordnete der Brautvater statt eines Duells ein Schachspiel an (Associazione ProMarostica, Tel. 04 24 72 12 27, www.marosticascacchi.it).

INFORMATION
I.A.T., Piazza dei Signori 8, 36100 Vicenza, Tel. 04 44 54 41 22, www.vicenzae.org
I.A.T., Piazza Matteotti 12, Tel. 04 44 32 08 54

Nicht versäumen!

KULTUR/ERLEBEN

Treffpunkt Caffè Pedrocchi
Das Caffè Pedrocchi ist ein Kaffeehaus in Padua. 1831 eröffnet, wurde es zum Treffpunkt des italienischen Risorgimento, der Einigungsbewegung – stolz verweist man in diesem Zusammenhang auf ein Einschussloch in der Wand.

Siehe Nr. 01

AKTIV

Auf dem Wasser im Hinterland
Bei Ausflügen auf den Kanälen und dem Brentafluss passiert man meist Villen, fährt durch die Stadt Padua oder bis nach Venedig. Hübsch ist das vor allem in traditionellen Holzbooten, „burchi" genannt.

TOPZIEL Siehe Nr. 01

WELLNESS

Einfach mal verwöhnen lassen!
Die über 100 Hotels in Abano haben praktisch alle eigene Kuranlagen. Bestechend im Hotel Terme Metropol sind die vier Thermalschwimmbäder im großen Park, zu denen sich ein ordentliches großes Sportbecken gesellt.

Siehe Nr. 02

KULTUR

Auf den Spuren von Palladio
Die Basilica Palladiana und das Teatro Olimpico in – sowie die Villa Capra Valmarana „La Rotonda" bei – Vicenza sind ohnehin ein Muss. Auf Palladios Spuren in Vicenza unterwegs zu sein, ist aber auch ein wirklicher Genuss.

Siehe Nr. 05

ERLEBEN

Alles, was das Herz begehrt
Beim Markt Le Piazze dei Sapori auf der Piazza dei Signori in Vicenza werden Produkte direkt vom Hersteller angeboten: Schinken, Käse, Salami, Pastasoßen – einfach alles, was nicht nur das italienische Herz begehrt.

Siehe Nr. 05

Una volta si mangiava in strada – früher aßen wir auf der Straße

Padrone Andrea Varisco ist in seinem 2000 eröffneten Bàcaro die venezianische Quadratur des Kreises gelungen. Sein BancoGiro steht für moderne kitschfreie venezianità in einem Ambiente, das Touristen und Einheimische gleichermaßen anzieht.

Interview: Peter Peter   Fotos: Sabine Lubenow

Andrea Varisco, 53 Jahre, ist Wirt und Padrone der Osteria BancoGiro (Campo San Giacometto 122, Tel. 04 15 23 20 61, 10.00–15.00 u. 18.30–24.00 Uhr, So. abend u. Mo. geschl.).

Wenige Schritte vom Rialto direkt am Canal Grande Prosecco oder Trentiner Teroldego schlürfen und dazu gekräuterte Stockfischcreme oder venetischen Almkäse naschen: Padrone Andrea Varisco macht es möglich. Er selbst lebt heute im Sestiere Cannaregio und antwortet auf die Frage nach seiner Lieblingsspeise: „Alles, was frisch und regional ist.“ Lieblingsweine hat er natürlich auch – einen weißen Tocai aus dem Friaul oder piemontesische Rotweine wie Nebbiolo und Barolo – und seine liebsten Orte in Venedig sind die Landspitze Punta della Salute oder die Lagune, wenn wenig Schiffsverkehr ist. Die bekommt er allerdings nicht sehr oft zu sehen, denn meist steht er mit seiner grünen Winzerschürze in seinem Bàcaro BancoGiro und – macht seine Gäste glücklich.

„HEUTE GIBT ES OSTERIE, DIE SEHEN AUS WIE AMERICAN BARS …“: DAS BANCOGIRO NICHT!

***Peter Peter:* Signore Andrea, Sie sind gebürtiger Venezianer?**
Andrea Varisco: Aber ja, und ich bin stolz darauf.

In welchem Sestiere sind sie geboren? In Castello, aber als ich vier Jahre alt war, sind wir auf die Giudecca gezogen.

Fehlt Ihnen das nostalgische Venedig Ihrer Kindheit? Ganz entschieden ja! Es war eine andere Zeit, eine unglaubliche Solidarität, ein ganz starkes lebendiges Gemeinschaftsgefühl. Damals aßen wir im Viertel zusammen auf der Straße … Wenn Sie das heute machen, kommt die Polizei, weil Sie angeblich die Touristen und Nachbarn stören. Aber wenn einer den Fernseher laut aufdreht, was wirklich stört, dann kommt sie nicht … Venedig ist oberflächlicher geworden, verliert allmählich seine Seele.

„Die Qualität eines modernen Bàcaro liegt heute im Bewusstsein für regionale Qualität.“

In Venedig leben mehr Menschen über 80 als unter 18. Sie haben 2000 Ihren gutbesuchten Bàcaro eröffnet. Bringen solche traditionsbewussten Lokale neues Leben in eine überalterte Stadt? Also erstens, der wahre Bàcaro existiert nicht mehr. Das waren kleine düstere Kneipen, die früh um 8.00 Uhr aufmachten und nach Mitternacht schlossen, wo vor allem ältere Herren stehend ihre *ombreta de vin* (kleines Weinglas) kippten. Zu essen gab's kalte Polenta mit Hering, *polpeti* (Frikadellen) oder ein halbes Ei. Heute gibt es Osterie, die sehen aus wie American Bars und servieren unmögliche Cocktails … Schauen Sie, die Qualität eines modernen Bàcaro liegt heute im Bewusstsein für regionale Qualität, das ist intelligente Identität! Ich habe das Glück, dass nur wenige Meter entfernt der Rialtomarkt liegt. Ich kann mir alles aussuchen: Zwergartischocken

SCHATTENGEWÄCHSE: WEISS ODER ROT?

HERZHAFT-DEFTIGES AUS DER REGION

UND EIN DOLCE ZUM SCHLUSS

Lieblingsrezept
von Andrea Varisco

Sarde incinte – schwangere Sardinen: Herrlich als Antipasto oder als „cicheto“ (Appetithappen) zum Wein:

Zutaten für 4–6 Personen:
24 Sardinen
2 Knoblauchzehen
50 g helle kleine Rosinen
50 g Pinienkerne
1 Strauß Petersile
0,1 l frischgepresster Orangensaft
100 g Semmelbrösel
1 ungespritzte Zitrone
Meersalz
Schwarzer Mühlenpfeffer
Olivenöl Extra Vergine

Die Sardinen ausnehmen, Köpfe und zentrale Gräten entfernen. Eine Füllmasse aus der kleingewiegten Knoblauchzehe, den hellen Rosinen (wenn zu hart, kurz in Wein einweichen), den Pinienkernen, feingewiegter Petersilie, dem frischgepresstem Orangensaft und Semmelbröseln kneten. Die Sardinen kurz in Essig tauchen, dann die Hälfte der Fische mit dem Rücken nach unten in eine mit Olivenöl eingestrichene Backform schichten und die Füllmasse auf die einzelnen Sardinen streichen. Danach die zweite Hälfte der Sardinen sandwichartig mit dem Rücken nach oben auf die gefüllten Fische legen und leicht andrücken. Das Gericht mit etwas Meersalz und Mühlenpfeffer bestreuen, einige Spritzer Zitronensaft und Olivenöl darüber träufeln und dann im – auf 180/200 Grad erhitzten – Backofen ca. 3-4 Minuten backen.

von den Laguneninseln, luftgetrocknete Gänsebrust von der Terraferma oder *canoce*: So nennen wir die dünnpanzerigen Heuschreckenkrebse, die wunderbar mit etwas Olivenöl und einem Spritzer Zitrone schmecken!

Welche Gerichte empfehlen Sie in Ihrem Lokal? Wir haben keine Standards, bei mir geht es nach Marktangebot. Besonders stolz bin ich auf Carpaccio von fangfrischen Fischen – Lagunen- oder Adriafische aus Chioggia, nicht der oft gefrorene Import von den westafrikanischen Küsten. Je weniger der Fisch reist, desto besser ist er. Und natürlich probiere ich manchmal etwas aus: Risotto mit lombardischem Taleggio-Käse etwa und dem Duft geriebener Orangenschalen. Immer mehr Gäste interessieren sich auch für die handwerklich erzeugten Salamisorten – da ist ein richtiges Revival traditioneller Produkte angesagt. Eigentlich versuche ich anzubieten, was wir Venezianer schon mochten, als wir noch eine Republik mit Doge waren.

Fehlt Ihnen manchmal das moderne Leben? Haben Sie einen Führerschein? Mein *patente* brauche ich, weil ich gern die Weingüter der Terraferma besuche. Aber sonst? In großen Städten fühle ich mich unbehaglich, ja erschöpft – die einzige Alternative zu Venedig wäre die Campagna, das Land.

Haben Sie schon einmal eine Gondel mit Gondoliere gemietet? Das machen wir Einheimischen eher selten. Aber ich

BÀCARO MIT PERSÖNLICHER HANDSCHRIFT

Heimvorteil ... (lacht) und ansonsten – das BancoGiro ist auch ein schicker *posto intimo* mit viel Atmosphäre!

Was ist die schönste Jahreszeit in Venedig? Wenn am wenigsten Leute da sind: November bis Februar!

Erstickt der Tourismus Venedig – oder bewahrt er es? Unsere Stadt lebt von den Einnahmen des Fremdenverkehrs, aber es gibt Momente, da hat man schon das Gefühl, dass der Tourismus Venedig umbringt.

Wenn Sie Bürgermeister von Venedig wären, was würden Sie ändern? Ich

„Ich versuche anzubieten, was wir Venezianer schon mochten, als wir noch eine Republik mit Doge waren.“

habe einmal eine Tante, die ich sehr schätze, auf eine Gondelfahrt eingeladen. Sie hat sich sehr gefreut.

Wenn Sie eine schöne Frau in Venedig ausführen müssten, wo würden Sie sie hinführen? Ich würde mit ihr spazierengehen, ihr Venedig zeigen, ich habe ja

würde versuchen, den Supermarkt, zu dem diese Stadt geworden ist, wieder in eine *bottega di qualità,* einen qualitätvollen Laden, zu verwandeln.

***Grazie per l'intervista,* Danke für das Interview, Signore Andrea!** Grazie e saluti!

Aufmerksamer Blick: Was im Bàcaro Banco-Giro aus der Küche kommt, sind frisch zubereitete regionale Köstlichkeiten.

Dolomitenzauber und Gipfelglück

Cortina d'Ampezzos berühmte Berge lockten berühmte Kletterer an, und im Ort selbst leben Legenden des Bergsteigens. Doch die Dolomiten waren auch Schauplatz fürchterlicher Kriege: wie der Monte Grappa, der mit dem Tresterschnaps nichts zu tun hat, auch wenn dieser zu seinen Füßen, in Bassano del Grappa nämlich, gebrannt wird.

Passo Tre Croci bei Cortina d'Ampezzo

B.LO NARDINI
DISTILLERIA A

01

10
Bottega del Baccalà
CONCATO dal 1935
12
VERO RAGNO

02

Meist wird der Begriff „Dolomiten“ mit Südtirol in Verbindung gebracht, doch die eindrucksvollsten senkrechten Felsungetüme stehen im Bellunese. Von tausend Bergkalendern bekannt sind die Drei Zinnen, hier *Tre Cime di Lavaredo* genannt. Wie Backenzähne eines urzeitlichen Erdsauriers ragen sie in den Himmel. Die Cadinigruppe hingegen, die am Misurinasee aus Wiesen herauswächst, besteht aus filigranen Türmchen, andere wiederum stürmen wie Wolkenkratzer den Himmel und fordern seit über 100 Jahren Bergsteiger heraus.

Umkämpfte Berge

Der Gesteinsforscher Déodat Gratet de Dolomieu (1750–1801) war einer der ersten Fremden, die nicht mehr nur durchs Gebirge durchfuhren, sondern eigens der Berge wegen anreisten. Nach ihm wurde das Gestein Dolomiten genannt, da er es als Erster erforschte. Im Jahr 1861 reisten J. Gilbert und G. C. Churchill an, die das Ampezzaner Tal dem englischen Publikum mit ihrem Buch „The Dolomites Mountains“ schmackhaft machten. Ein Engländer war auch der Erste, der auf einem hohen Dolomitenberg stand: John Ball, Geologe und Botaniker, Präsident des 1857 gegründeten britischen Alpine Club. Im selben Jahr kam er nach Cortina, heuerte einen angeblich ortskundigen Jäger als Führer an, und brach an einem Septembermorgen mit diesem zusammen auf, um den 3168 m hohen Monte Pelmo zu besteigen. Typisch für diesen Berg sind auffällige Querbänder im Felsaufbau. Doch der Einheimische weigerte sich nach der Hälfte der Tour, weiterzugehen. Wie den meisten Gebirgsbewohnern der damaligen Zeit war ihm die Vorstellung, einen Berg ersteigen zu sollen, im Herzen fremd. John Ball ließ sich nicht beirren, erreichte den Gipfel alleine (und kam auch wieder heil ins Tal). Heute sind die südlichen Alpen das Ziel von Urlaubern, Wanderern oder Extremsportlern. Früher aber war diese Region immer wieder Schauplatz fürchterlicher

01 *Ganz im Zeichen des Tresterschnapses steht …*
02 *… Bassano del Grappa, samt Stockfischladen …*
03 *… Nardini-Grappastube*
04 *Die Alpini-Brücke in Bassano del Grappa*

Die Berge bauen sich auf am Horizont, wenn man von Venedig ins Hinterland fährt, Kalkriffe steigen auf über waldigen Hügeln, und schließlich taucht man ein in das Felsenmeer, in den Dolomitenkessel, der Cortina d'Ampezzo umschließt.

SPECIAL Eleonora Duse

Primadonna

Gottfried Benn gab Eleonora Duse das lyrische Geleit: „Ach, das ferne Land, / wo vom Schimmer der Seen / die Hügel warm sind, / zum Beispiel Asolo, wo die Duse ruht …“ .

„Spielen? Welch hässliches Wort!“

„Die Duse“ wurde 1858 als Kind einer fahrenden Schauspieltruppe geboren. Mit 14 Jahren fiel sie das erste Mal auf, als „Julia“ in der Arena von Verona. Sie trat in allen tragischen Paraderollen auf und sagte einmal: „Spielen? Welch hässliches Wort! Die armen Frauen meiner Stücke sind mir ganz in Herz und Kopf übergegangen.“ Kurz vor der Jahrhundertwende traf sie in Venedig – der Legende nach bei einer nächtlichen Gondelfahrt – Gabriele d'Annunzio, dessen langatmige Tragödien sie daraufhin jahrelang fast ausschließlich spielte – ein finanzielles Desaster. Sie zog sich nach Venedig zurück, wohnte in der Nachbarschaft von Rainer Maria Rilke, der ihr sein Gedicht „Bildnis“ widmete. Hugo von Hofmannsthal befand, die Duse sei das ruheloseste Geschöpf der Erde. Ihr letztes Haus fand sie schließlich in Asolo. Dort wurde die letzte Primadonna des Sprechtheaters auch bestattet, nachdem sie 1924 auf einer Tournee in den USA gestorben war.

Kriege – lag sie doch lange am Schnittpunkt zweier Kulturen und weckte somit die Begehrlichkeiten unterschiedlicher Regime. Noch heute sind am Lagazuoi und an den Cinque Torri Stollen, Schützengräben und Unterstände zu sehen, großteils als Freilichtmuseum mit Schrifttafeln versehen. Auf dem Soldatenfriedhof am Monte Grappa sind 12 615 italienische Soldaten begraben – davon 10 322 namenlos – und 10 295 österreich-ungarische Gefallene, fast alle unbekannt. Wegen der Kämpfe um den Monte Grappa gab sich Bassano, das nun zu Italien gehörte, im Jahr 1928 den Beinamen Bassano del Grappa. Die italienischen Faschisten errichteten auf dem Monte Grappa ein monströses Monument als Kriegerdenkmal. Doch im Zweiten Weltkrieg wurde Bassano zu einem Zentrum der antifaschistischen Partisanen.

Palladios Brücke führt zum Grappa

Bassano del Grappa liegt an der Schnittkante zwischen Ebene und den Bergen, auch die Architektur changiert zwischen venezianischen Fenstern mit Doppelbögen und geduckten alpinen Häusern. Bassanos bekanntestes Bauwerk ist der Ponte Vecchio. Der Entwurf dieser gedeckten Holzbrücke soll von Andrea Palladio stammen. Sie wurde vom Hochwasser weggerissen, in Kriegen zerstört – und immer wieder aufgebaut. So auch nach dem Zweiten Weltkrieg von den Alpini – den italienischen Gebirgsjägern – weshalb sie heute auch Ponte degli Alpini heißt. Tagsüber flanieren und fotografieren hier die Touristen, trinken einen Grappa im historischen Lokal am Eingangstor. Abends gehört die Brücke den jungen Einheimischen. Das Lokal ist viel zu klein für die vielen Menschen, also stehen alle draußen, auf Palladios Brücke, mit einem Glas in der Hand. Beim Berg Monte Grappa bedeutet „Grappa“ Punkt, Gipfel; der Schnaps jedoch, der von Brennereien in Bassano del Grappa in die ganze Welt exportiert wird, hat damit nichts zu tun: Im mittelalterlichen Vulgärlatein bedeutete „Grappulus“ Trester – bezeichnet die Reste im Weinkeller, aus denen Grappa gewonnen wird.

Waldreich aus Tradition

Beim Blick in die Täler fällt der Waldreichtum des Bellunese auf. Heute ist der Wald geschützt, doch schon seit dem 15. Jahrhundert war er als Rohstofflieferant begehrt – vor allem von der Dogenstadt. Venedig benötigte viel mehr Holz, als die Küste liefern konnte: zum einen für die Schiffe der Seemacht, zum anderen aber auch für Pfähle, auf denen die Lagunenstadt gebaut wurde. Zwei große Schutzgebiete, neben weiteren kleinen, weist die Region heute

01 *Blick auf Cortina d' Ampezzo*
02 *Die Kirche von San Vito*
03 *Blick vom Col de Varda auf den Monte Cristallo*

01 *Café an der Piazza dei Signori in Treviso*

02 *Piazza dei Martiri in Belluno*

03

04

auf. Im Norden Cortinas erstreckt sich der „Parco Naturale delle Dolomiti d'Ampezzo", einer der vier Naturparks der Region Veneto. Gemsen, Hirsche, Steinböcke und Murmeltiere gehören zu seinen Bewohnern; Goldadler und sogar Lämmergeier kreisen über den Bäumen, den hundertjährigen Fichten, Lärchen und Zirbelkiefern. Der „Parco Nazionale Dolomiti Bellunesi" erstreckt sich nordwestlich von Feltre an der Grenze zum Trentino über 32 000 Hektar. Die Parkverwaltung hat umfangreiche Broschüren erarbeitet und Routen ausgeschildert, auf denen die Wälder durchwandert werden können. So leitet ein Weg auf den Spuren früherer Reisender entlang der Reste mittelalterlicher Hospize durch den Park, ein anderer führt zu von Gletschern geformten Felsen oder auch zu zahlreichen kleinen Kirchen am Südrand des Gebietes.

Cortina d'Ampezzo

Besonders intakt sind die Wälder rund um Cortina. Das hat historische Gründe. Schon im 10. Jahrhundert schlossen sich die ladinischen Bauern zu einer Art Genossenschaft zusammen, den *Regole d'Ampezzo*. Diese verwaltet Güter wie Wälder und Wiesen, die allen Bürgern gemeinsam gehören. Bis heute bleiben Wälder und Wiesen laut den Statuten für immer im gemeinsamen Besitz der etwa 800 Familien. Sie können auch nicht bebaut werden. Nur während des Faschismus wurden die *Regole* für ungültig erklärt, im Mai 1957 aber wieder etabliert. Am Gemeindehaus von Cortina d'Ampezzo erinnert der Schriftzug *Ciasa de ra Regoles* daran, zeigt aber auch, dass Ampezzo – wie der Überbegriff für alle Gemeinden des Tales lautet – urladinisch ist. 1975 wurde die *Union dei Ladis de Anpezo* gegründet, ein Zusammenschluss von Gemeinden ladinischen Ursprungs. Im Sommer 2007 stellte diese Gemeinschaft über 100 neue Straßenschilder auf, die nun die Orte zweisprachig – Italienisch und Ladinisch – benennen. Da heißt Cortina d'Ampezzo dann Anpezo.

03 *Käse aus Asiago*
04 *Arkaden an der Piazza dei Signori in Treviso*

01

02

*„Ach, das ferne Land,
wo vom Schimmer der Seen
die Hügel warm sind,
zum Beispiel Asolo, wo die Duse ruht ...“*

Gottfried Benn

01 *Canovamuseum in Possagno*
02 *Villa di Maser in Barbaro bei Asolo*
03 *Kreuzgang der Zisterzienserabtei Follina*

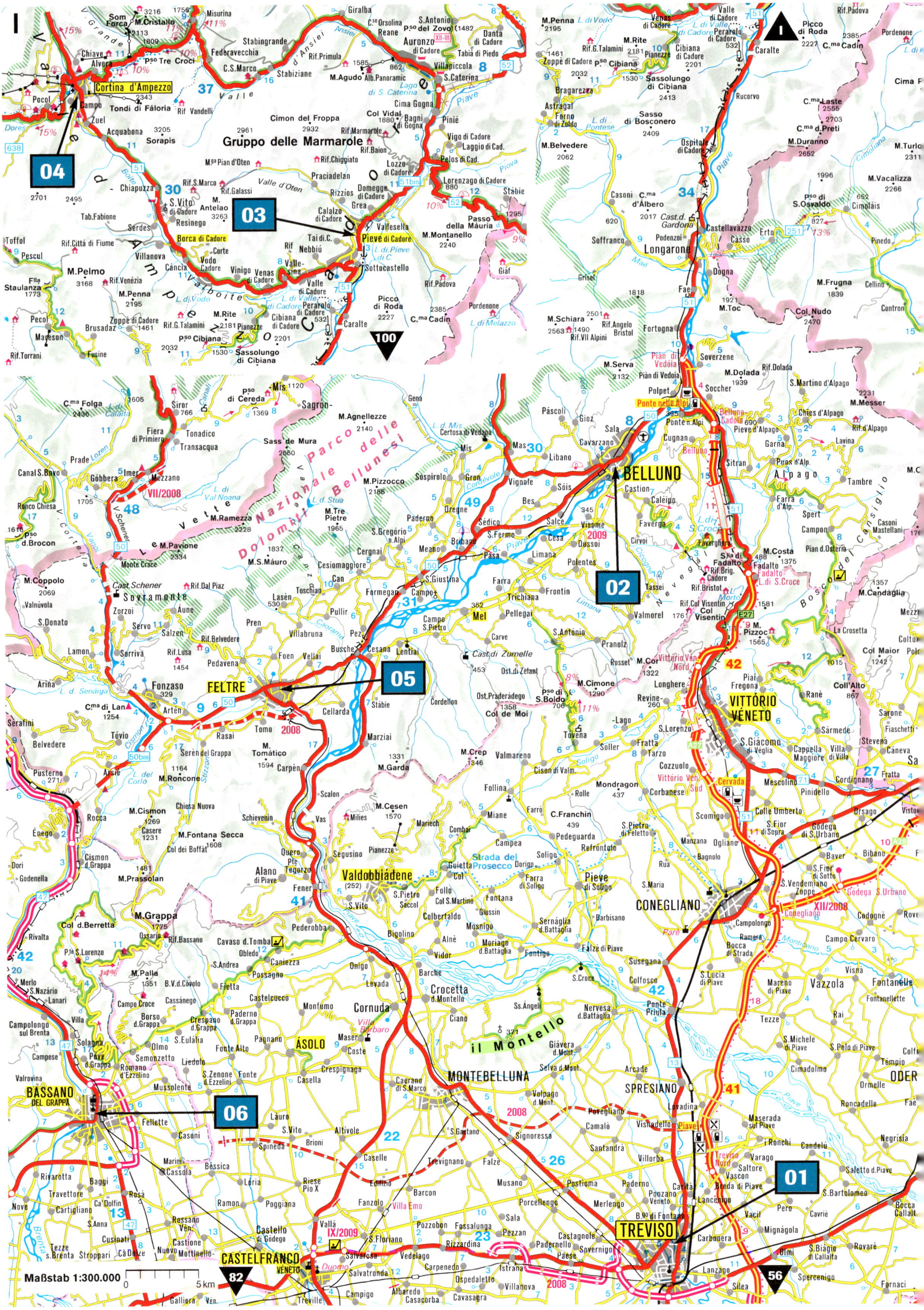
I
Cortina d'Ampezzo
04
03
Gruppo delle Marmarole
Pieve di Cadore
Auronzo di Cadore
Borca di Cadore
100
Longarone
Castellavazzo
Belluno
BELLUNO
02
Parco Nazionale delle Dolomiti Bellunesi
Le Vette
Mel
FELTRE
05
Fonzaso
Sovramonte
VITTÓRIO VÉNETO
Valdobbiadene
Strada del Prosecco
CONEGLIANO
Ásolo
il Montello
MONTEBELLUNA
BASSANO DEL GRAPPA
06
M.Grappa
Cornuda
Crocetta d.Montello
SPRESIANO
01
TREVISO
CASTELFRANCO VENETO
82
56
Maßstab 1:300.000
0
5 km

Dolomitenträume

Venetien erstreckt sich in dieser Region weit in den Norden – und hoch hinauf. In Cortina d'Ampezzo treffen sich im Winter Skifahrer und im Sommer Dolomitenkletterer. Weiter draußen im Hügelland liegen die hübschen Städte Bassano, Belluno und Feltre, wo zwischen der dichten Altstadtbebauung immer mal wieder ein Blick auf die Berge möglich ist – auf jene hochgereckten Felsen also, die sie wahr werden lassen, die Bergsteigerträume, Gipfelträume, Dolomitenträume!

Der Tempel von Canova in Possagno (bei Treviso)

01 TREVISO

Das Städtchen (82 000 Einw.) liegt nur 25 km von Venedig entfernt. Im 16. Jh. bauten die Venezianer einen Befestigungsring um die Bischofsstadt, innerhalb dieses Mauerrings befindet sich die Altstadt, durchflossen von Sile und Botteniga und zahlreichen Kanälen, Buranelli genannt.

SEHENSWERT Der **Duomo San Pietro** ist im heutigen Zustand ein Konglomerat aus Stilen vom 11. bis zum 19. Jh.; sehenswert ist die romanische Krypta sowie in der Capella Malchiostro eine „Verkündigung" Tizians. Die **Piazza dei Signori** wird als Zentrum der Altstadt umrahmt vom Palazzo dei Trecento von 1210, der Loggia dei Cavalieri und dem Palazzo Pretorio aus dem 17. Jh. Etwas abseits liegt die gotische Kirche **San Nicolò** mit Tommaso da Modenas Fresken von 1352 mit Dominikanerporträts. In San Francesco liegen Dichter-Nachfahren begraben: Francesca, die Tochter Petrarcas, und Pietro, der Sohn Dantes.

UMGEBUNG In **Possagno**, 35 km nordwestl. von Treviso, lohnt das Canovamuseum einen Besuch, das in mehrere Gebäude aufgeteilt ist. Der Tempel von Canova wurde zwischen 1819 und 1830 nach Plänen von Canova gebaut, mit der Grabstätte des Künstlers sowie der Gipsothek mit Gipsmodellen der Marmorarbeiten. Zu besichtigen ist auch das Wohnhaus des 1757 geborenen italienischen Bildhauers (Museo Canova, Via Canova 84, 31054 Possagno, Di.–So. 9.00–19.00 Uhr, www.museocanova.it)

INFORMATION
I.A.T., Piazza Monte di Pietá 8, 31100 Treviso, Tel. 04 22 54 76 32, iat.treviso@provincia.treviso.it

02 BELLUNO

Die Provinzhauptstadt (35 000 Einw.) liegt auf einem 389 m hohen Felsplateau über dem Piavetal. Auf diesem Moränenkegel ist noch die ursprüngliche Stadtanlage der römischen Siedlung zu erkennen, veredelt durch Renaissancebauten und venezianischen Einfluss. Am besten erreicht man die Stadt, wenn man das Auto auf dem riesigen Parkplatz Lambioi zu Füßen des Ortes abstellt und dann mit einem System von Rolltreppen direkt zur Piazza del Duomo schwebt.

SEHENSWERT Promeniermeile ist die **Piazza dei Martiri**. Den **Domplatz** umstehen der **Palazzo dei Rettori Veneziani**, Sitz der Präfektur, daneben der alte **Bischofspalast** mit noch einem der drei Türme von 1190. Im Süden der gewaltige **Dom**, im 16. Jh. von Tullio Lombardo erbaut, mit Krypta unter der Apsis. Das Altarbild zeigt den hl. Martin, den Schutzheiligen Bellunos. Der isoliert stehende **Campanile**, ein Barockturm, ist für Norditalien ungewöhnlich. Die **Piazza delle Erbe** oder auch Piazza del Mercato ist das mittelalterliche Herz Bellunos, heute umrahmt von Gebäuden aus dem frühen 16. Jh. wie dem Monte di Pietá, dem Pfandleihhaus von 1501. Auf dem Platz steht der älteste Steinbrunnen Bellunos, gewidmet San Lucano, erbaut 1317. Täglich Gemüsemarkt.

MUSEEN In der **Pinakothek** sind Maler Venetiens ausgestellt sowie die Belluneser Meister des 17. und 18. Jh., Bildhauer Andrea Brustolon und Sebastiano Ricci (Museo Civico, Piazza del Duomo, Mai–Sept. Di.–So. 10.00–13.00 u. 16.00 bis 19.00, Okt.–Apr. Mo.–Sa. 9.00–13.00, Do.–So. auch 15.00–18.00 Uhr).

RESTAURANT Die €/€€ **Enoteca Mazzini** (Piazza Mazzini 6, Tel. 04 37 94 83 13) liegt etwas versteckt. Das Lokal ist etwas düster, man sitzt an Holztischen oder auch Fässern, doch die Stimmung ist rustikal und das Restaurant bei Einheimischen beliebt.

UMGEBUNG **Vittorio Veneto**, etwa 20 km südl., entstand 1866 als Zusammenschluss der Orte Ceneda und Serravalle. Benannt wurde es zu Ehren des ersten Königs des gerade vereinten Italiens, Vittorio Emanuele II. Rund um die Stadt fanden entscheidende Kämpfe des Ersten Weltkriegs zwischen Österreich und Italien statt. Aus Ceneda, dem heute südlichen Stadtteil Vittorio Venetos, stammte Lorenzo da Ponte, Librettist berühmter Mozartopern wie Le nozze di Figaro und Don Giovanni. Die **Villa Buzzati** (5 km südwestl.), erbaut Anfang des 18. Jh., war Geburtshaus und späterer Sommersitz Dino Buzzatis, eines 1906 geborenen Schriftstellers und jahrelangen Chefredakteurs der Tageszeitung „Corriere della Sera". Eine Großnichte von ihm hat in einem Flügel der Villa das € **Bed & Breakfast Villa Buzzati** eingerichtet (Via Visome 18, loc. Anconetta, 32100 Belluno, Tel./Fax 04 37 92 64 14, www.villabuzzati.com). Etwa 10 km südöstl. von Bullano, auf der anderen Seite des Piave, liegt **Nevegal**, ein Wandergebiet, das im Winter auch mit Skiliften erreichbar ist.

INFORMATION
Touristeninformation, Piazza del Duomo 2, 32100 Belluno Tel. 04 37 94 00 83, www.infodolomiti.it

03 PIEVE DI CADORE

Der kleine Ort (4000 Einw.) liegt hübsch zwischen Bergen und Hügeln am Zusammenfluss von Piave und Boite auf 878 m

Höhe. Hier wurde um das Jahr 1490 der bedeutende Renaissancemaler Tiziano Vecellio, genannt Tizian, geboren.

MUSEEN Das **Geburtshaus Tizians** ist ein ländliches Holzhaus des Cadore im Ortszentrum. Ausgestellt werden historische Möbel sowie Repliken einiger Gemälde Tizians (Di.–Sa. 9.00 bis 13.00 u. 16.00–18.30, So. 10.00–18.00 Uhr). Das Brillenmuseum **Museo dell' Occhiale di Pieve di Cadore** zog im Sommer 2007 in einen Neubau neben dem Geburtshaus Tizians. Ausgestellt werden über 2000 Brillen, Monokel und ähnliches (Di.–Sa. 9.00–13.00 u. 16.00–18.30 Uhr).
Der Südtiroler Bergsteiger Reinhold Messner hat sich mit seinem beeindruckenden Projekt **MessnerMountainMuseum** eine ganze Bandbreite großartiger Bergmuseen ausgedacht und finanziert. Eines davon liegt in der Nähe von Cibiana di Cadore: Das **Museum in den Wolken – Dolomites** zeigt vor allem Malerei (Tel. 043 53 13 15, man kann dort auch übernachten; www.messner-mountain-museum.it).

UMGEBUNG Auf der Fahrt von Belluno nach Cadore kommt man durch **Longarone**. Bekannt wurde dieser Ort durch eine Katastrophe: 1963 spülte ein Bergrutsch 260 Mio. Kubikmeter Fels in das Staudammbecken von Vajònt, eine Flutwelle raste durchs Tal des Piave, 2000 Menschen starben. Im Ortsteil Fortogna, wenige Kilometer hinter Belluno, erinnern der Friedhof und eine Tafel an der Kirche daran. In **Vigo di Cadore**, 13 km nördl. von Pieve di Cadore, ist die kleine Kirche S. Orsola reich mit gotischen Fresken geschmückt. In **Cibiana di Cadore**, 13 km südwestl. von Pieve di Cadore, entstehen seit den 1980er-Jahren immer mehr Murales, moderne Wandmalereien.

INFORMATION
Tourismusbüro,
Via Nazionale 45, 32040 Pieve di Cadore,
Tel. 043 53 16 44, pievedicadore@infodolomiti.it

04 CORTINA D'AMPEZZO

Der Ort bezeichnet sich gerne als Perle der Dolomiten. Jedenfalls liegt Cortina wunderschön zu Füßen gewaltiger Berge, das Städtchen ist im Winter so lebhaft wie im Sommer. Italiens High Society fährt hier Ski und trägt auf dem Corso d'Italia teure Skianzüge und Pelzmäntel spazieren. 1956 wurden hier die ersten Olympischen Winterspiele in Italien ausgerichtet. Da Cortina schon seit der Zeit der Habsburger ein berühmter Ferienort war, bestimmen große alte Hotels das Ortsbild. Nur gut, dass der Kirchturm hoch ist und somit doch noch alles überragt.

MUSEEN Im Gemeindehaus, der Ciasa de ra Regoles, findet man drei Museen unter einem Dach. Das **Museum für moderne Kunst Mario Rimoldi** ist eine der wichtigsten italienischen Privatsammlungen für die Klassische Moderne italienischer Maler. Außerdem gibt es ein **Völkerkundliches Museum** und eine **Paläontologische Sammlung** (neben der Kirche, Corso Italia 69, Tel. 04 36 22 06, Mo. geschl.).

VERANSTALTUNG Beim **Coppa d'oro delle Dolomiti** am ersten September-Wochenende fahren Oldtimer die Pässe rund um Cortina. Diese Vintage-Car-Parade endet mitten im Ort, dort machen sich die schmucken alten Autos recht gut (www.coppadorodelledolomiti.org)

EINKAUFEN Im Kaufhaus **La Cooperativa di Cortina** findet man eine große Auswahl an regionalen Lebensmitteln und Wanderkarten und Büchern der Region. Und wer seine Wander- oder Skikleidung vergessen hat, bekommt in den zahlreichen Sportgeschäften auch das Richtige.

Dolomiten aktiv

Wer in den Felswänden der Dolomiten klettern möchte, der wendet sich am besten an das Bergsteigerbüro (Guide Alpine Cortina, Corso d'Italia 69/a, 32043 Cortina d'Ampezzo, Tel./Fax 04 36 86 85 05, guide.cortina@dolomiti.org), Auch zum Wandern gut geeignet ist der Naturschutzpark Parco Naturale delle Dolomiti d'Ampezzo, nördlich von Cortina). Wer's rasanter mag, der kann sich in die Bobbahn „Eugenio Monti" wagen, 1956 für die Olympischen Winterspiele gebaut. Großartige Landschaftseindrücke vermittelt eine Fahrt mit der **Seilbahn Freccia nel Cielo** TOPZIEL auf die 3244 m hohe Tofana di Mezzo (www.freccianelcielo.com). Wenn man hinunterwandert, folgt man dem Kaiserjäger-Weg, Schautafeln erzählen von den Kämpfen im Ersten Weltkrieg.

UNTERKUNFT Das € **Meublé Montana** steht direkt gegenüber der Kirche, hat grüne Balkone und Fensterläden, und viel moderne Kunst in den Zimmern und in Fluren. Für die sonstigen Cortina-Verhältnisse geradezu preisgünstig (Tel. 04 36 86 21 26, www.cortina-hotel.com).

INFORMATION
Tourismusbüro,
Piazzetta S. Francesco 8, 32043 Cortina d'Ampezzo,
Tel. 04 36 32 31, www.infodolomiti.it

05 FELTRE

Ausgesprochen hübsches Städtchen, das wenig besucht wird. Auffallend sind die vielen freskierten Fassaden in der gesamten Altstadt.

SEHENSWERT Über einsame Treppen steigt man auf in die Altstadt. Die **Via Mezzaterra** ist die Hauptachse, hier stehen viele Palazzi mit Fresken an den Fassaden. Von der **Piazza Maggiore** steigt die Freitreppe zum **Castello di Alboino** an.

VERANSTALTUNG Beim **Palio di Feltre** (www.paliodifeltre.it) wird in der ersten Augustwoche an die Zugehörigkeit Feltres zu Venedig (1404) erinnert. In Wettkämpfen wie Bogenschießen und Reiten messen sich Stadtviertel, die Siegermannschaft bekommt zwölf Golddukaten.

MUSEUM Das zweite Besucherzentrum des Belluneser Nationalparks Uomini di Valle Imperina ist ein **Museum zum Kupferbergbau**. Vorgestellt werden historische Werkzeuge; ein Rundgang führt in die Geschichte des Bergbaus ein (Valle Imperina, nahe Agordo, Mai/Juni u. Sept./Okt. Sa./So. 13.30–18.30, Juli/August tgl. 13.30–18.30 Uhr).

ÜBERNACHTEN Biba Candiani und Alberto Metope haben jahrelang in Venedig eine Enothek geführt und sich dann nach Feltre, ins Grüne, zurückgezogen. Zum Glück für ihre hiesigen Gäste, denn in ihrer Osteria wird oft Fisch serviert, den sie von ihren Freunden am Meer bekommen, zudem bieten die beiden auch Bed & Breakfast an: € **Osteria Colombina**, Frazione Canal 40, Feltre, Tel. 043 98 01 72, Osteria Mo. und Mi. geschl.).

UMGEBUNG Die Zufahrt zum **Parco Nazionale Dolomiti Bellunesi** erfolgt am einfachsten über die Straße von Belluno nach Agordo, da lohnt ein Abstecher zur Certosa di Vedana (das Besucherzentrum des Nationalparks ist in Feltre provisorisch untergebracht im Gebäude der Park-

Auf der Piazza Maggiore in Asolo

verwaltung, Piazzale Zancanaro 1, 32032 Feltre, Tel. 04 39 33 28, www.dolomitipark.it.).

INFORMATION
Ufficio del Turismo
Piazza Trento-Trieste 9, 32032 Feltre
Tel. 04 39 25 40, www.infodolomiti.it

06 BASSANO

Impossant liegt Bassano auf einem Plateau, mit weitem Blick in die Berge. Besonders hübsch ist der Spaziergang auf der gedeckten Holzbrücke über die Brenta. Wie die meisten Städte der Region war auch Bassano in den Weltkriegen stark umkämpft.

SEHENSWERT An der **Piazza Garibaldi** steht die Kirche San Francesco aus dem 13. Jh., von Häusern des 15. und 16. Jh umgeben ist die kleine **Piazza della Libertà**. Einige Geschäfte in der Altstadt verkaufen Baccalà (Stockfisch), eine Spezialität des Veneto.

MUSEEN Im Grappamuseum **Poli Museo della Grappa** wird die Herstellung von Grappa gezeigt. Natürlich kann man das Kultgetränk auch verkosten und kaufen (tgl. 9.00-19.30 Uhr, Ponte Vecchio, www.poligrappa.com). Bereits im Jahr 1828 wurde das Museo Civico gegründet. Es zeigt archäologische Funde und einiges zur Stadtgeschichte in der Kirche San Francesco (Piazza Garibaldi 34, www.museobassano.it, Di. bis Sa. 9.00-18.30, So. 15.30-18.30 Uhr).

ESSEN In der €/€€ **Osteria Terraglio** treffen sich junge Einheimische. Der Wirt „erzählt" die Speisekarte; es gibt Regionales wie frische Steinpilze mit gehobeltem Parmesan, aber auch Wildlachs aus Norwegen (Piazza Terraglio 28, Bassano, Mo. geschl. Tel. 04 24 52 10 64, www.osteriaterraglio.com).

UMGEBUNG Der **Monte Grappa** war ein stark umkämpfter Berg im Ersten Weltkrieg, die Faschisten ließen in den 1930er-Jahren ein monumentales Kriegsdenkmal errichten, auf dem Friedhof ruhen italienische und österreichische Soldaten. **Asolo** liegt in den Hügeln östlich von Bassano, das laubengesäumte Dorf war der letzte Wohnort der Schauspielerin Eleonora Duse, die auf dem hiesigen Friedhof begraben wurde. Berühmt ist der exklusive Antiquitätenmarkt an jedem zweiten Wochenende des Monats (außer Jul./Aug.). Die Villa di Maser in **Barbaro** (8 km östlich von Asolo) entwarf Palladio (um 1560), sie beherbergt Fresken von Veronese und ein Kutschenmuseum (März-Okt. Di., Sa., So. 15.00 bis 18.00, Nov.-Feb. Sa./So. 14.30-17.00 Uhr, www.villadimaser.it)

INFORMATION
I.A.T., Largo Corona d'Italia 35, 36061 Bassano,
Tel. 04 24 52 43 51, www.vicenzae.org

Nicht versäumen!

KULTUR

Staunen im Canovamuseum
Das Museum in Possagno ist in mehrere Gebäude aufgeteilt. Neben dem Tempel mit der Grabstätte des Künstlers sowie der Gipsothek mit Modellen der Marmorarbeiten ist auch das Wohnhaus des Bildhauers zu besichtigen.

Siehe Nr. 01

ERLEBEN

Flanieren in Belluno
Nur im Veneto heißt die klassische abendliche Flaniermeile eines Ortes „Listòn". In Belluno ist es die Piazza dei Martiri. Dort spazieren die Einheimischen vor dem Abendessen auf und ab, man sieht sich und lässt sich sehen.

Siehe Nr. 02

NATUR

Faszination Dolomiten
Großartige Landschaftseindrücke vermittelt eine Fahrt mit der Seilbahn Freccia nel Cielo auf die 3244 m hohe Tofana di Mezzo bei Cortina d'Ampezzo. Wenn man hinunterwandert, folgt man dem Kaiserjäger-Weg.

TOPZIEL Siehe Nr. 04

ERLEBEN

Feiern in Feltre
Weniger bekannt als die berühmte Veranstaltung in Siena, aber auch längst nicht so überlaufen: Beim Palio di Feltre misst man sich in Wettkämpfen wie Bogenschießen und Reiten, die Siegermannschaft bekommt zwölf Golddukaten.

Siehe Nr. 05

GENIESSEN

Speisen in Bassano
In Norwegen war der Stockfisch ein Arme-Leute-Essen, importiert nach Venetien wurde er zur Delikatesse. In Bassano bieten einige traditionelle Läden diese Spezialität an, die man durchaus einmal versuchen sollte.

Siehe Nr. 06

VENETIEN

für Genießer

Sage mir, was du isst (und trinkst), und ich sage dir, wer du bist: Fisch spielt in Venedig noch immer eine wichtige Rolle, die Gnocchi gelten längst nicht mehr nur als typisches Gericht des Veroneser Karnevals, und wenige Weine haben eine solche Karriere hingelegt, wie der Prosecco.

Na dann: Wohl bekomm's!

AUS DER LAGUNE

Klassische Fischrezepte des Veneto

DELIKAT: STOCKFISCH-CARPACCIO

Venezia è un pesce" – Venedig ist ein Fisch. Das behauptet jedenfalls der italienische Schriftsteller Tiziano Scarpa, 1963 in Venedig geboren, in seinem jüngsten Buch über seine Heimatstadt. In einem Interview sagte der Venezianer, Venedig sei doch wirklich wie ein Fisch – die Stadt schwimme im Wasser, „und sie sieht sogar aus wie ein Fisch, wenn man sie auf einer Landkarte anschaut".

Lieblingsfische der Veneto-Küche

Eines ist sicher: Fisch spielt in Venedig noch immer eine wichtige Rolle, auch in der Küche. Selbst wenn längst nicht mehr alles, was in Lokalen – vor allem in touristischen Lokalen – auf den Tisch kommt, wirklich Fisch aus venezianischen Gewässern ist. Was ja vielleicht auch besser so ist. Früher stammte das Angebot auf dem Mercato del Pesce, der seit über 1000 Jahren direkt am Canal Grande abgehalten wird, im Wesentlichen aus den Gewässern der näheren Umgebung. Heute liefert die Lagune aufgrund schlechter Umweltbedingungen keine reiche Beute mehr, und so stammt das Meeresgetier von anderen Ecken des Mittelmeeres oder von anderen Meeren, auch aus Aquakultur.

Der Fischmarkt im Nachbarstädtchen Chioggia gilt als der größte Umschlagplatz für Fisch in Italien – wenn man von Malpensa absieht: dem größten Flugphafen Italiens bei Mailand. Die Markthalle in dem Inselstädtchen Chioggia ist ein großes Ziegelgebäude, Versteigerungen laufen im Flüsterton ab. Interessenten flüstern dem Anbieter ihren Preis ins Ohr, der gibt dem besten Bieter den Zuschlag.

Lieblingsfische der Veneto-Küche sind Thunfisch, Lotte, Hai, Seezunge, Dorade sowie Krusten- und Schalentiere. Viele Arten werden in Aquakultur in der venetischen Trichtermündung gezüchtet. Eine recht spezielle Speise sind die „mo'leche", auch „mojecche" gennant: Krabben, die dann begehrt sind, wenn sie sich im Frühjahr und Herbst gehäutet und ihren Panzer abgestreift haben. Der neue Panzer ist weich, sodass die Krabben im Ganzen gegessen werden können – normalerweise bekommt man nur das Fleisch aus den Beinen. Die Mojecche werden in heißem Fett gebacken. Die adriatische Fischsuppe heißt „brodeto". Oft gibt es Fisch schlicht als fritto misto di mare oder vom Grill – frischer Fisch schmeckt so am besten.

Nachschub von den Bahamas

Im Podelta gilt der Aal als *die* Fisch-Spezialität schlechthin. Der ist nun nicht jedermanns Geschmack, da er extrem fett ist. Trotzdem ist das ein ganz bemerkenswerter Fisch. Verglichen mit ihm könnte man sogar Lachse als sesshaft bezeichnen: Jeder Aal, der im Podelta geangelt wird, stammt von – den Bahamas. Aale schlüpfen ausschließlich dort, in der Sargassosee. Die Aal-Larven schwimmen mit dem Golfstrom an europäische Küsten – das dauert etwa drei Jahre. In Europa angelangt, wandeln sie sich zu etwa sieben Zentimeter langen Glasaalen, die in Schwärmen flussaufwärts in Binnengewässer steigen. Erst dort wachsen sie zu ihrer vollen Größe heran. Weibliche Aale werden erst ab 12

Lebens-Art

Venezianische Häppchen

Die – den spanischen tapas vergleichbaren – Häppchen werden in Venedig *cicheti* genannt. Das sind oft kleine Tintenfische oder die typisch venezianischen *Sarde in saor* – mit Zwiebeln, Rosinen und Pinienkernen eingelegte Sardine. Hinzu kommen Brötchen mit Spanferkel, Salami, Krabben, Thunfischpaste, Auberginen, Paprika und vieles andere mehr. All diese leckeren Köstlichkeiten genießt man „im Schatten" …

Venezianische Schattenlehre

So – nämlich „ombra" („Schatten") – nennt sich das kleine, 0,1 cl Weinglas in Venedig. Natürlich gibt es auch dazu eine Geschichte: Früher wurde auf der Piazza San Marco im Freien Wein ausgeschenkt, und damit dieser nicht warm wurde, richteten die Verkäufer ihre Stände stets nach dem im Lauf des Tages immer weiter wandernden Schatten des Campanile aus …

Venezianischer Giro de ombre

Beliebt bei den Venezianern ist der traditionelle abendliche *Giro de ombre* – ein lockerer Rundgang von einer Bar zur nächsten. Diese kleinen Weinschenken heißen in Venedig *Bacari*, was an den Weingott Bacchus erinnert. Oft gibt es dort nichts anderes als Wein – nicht einmal einen Bellini, den legendären Sekt-Pfirsich-Aperitif, der einst von Venedig aus seinen Siegeszug antrat.

Cicheti: Frisch auf den Tisch

So viel Zeit muss sein!

GLÜCKLICH IST, WER DEN RIALTO(FISCH-)MARKT GLEICH IN DER NÄHE HAT

Jahren geschlechtsreif, in – sehr seltenen – Ausnahmefällen können sie bis zu 1,50 m lang werden. Dann geht es zurück in die Sargassosee. Um dafür wieder in Bäche und Flüsse zu gelangen, können Aale sogar große Abschnitte durch feuchte Wiesen zurücklegen. Auf ihrer letzten Reise legen sie innerhalb eines Jahres Strecken von über 5000 Kilometern zurück, gegen den Golfstrom und ohne zu fressen. Deshalb die Fettreserven! Tagsüber tauchen sie auf bis zu 600 Meter Tiefe ab, nachts schwimmen sie fast an der Wasseroberfläche. Zum Laichen gehen sie in Tiefen von bis zu 2000 Meter. Nach der Paarung und dem Laichen ist ihr Leben zu Ende. Ihr Nachwuchs aber macht sich nun seinerseits auf den langen Weg zu Europas Küsten.

Leckerbissen aus Norwegen

Ein weiterer Leckerbissen ist Baccalà (Stockfisch), durch Trocknung haltbar gemachter Fisch – vor allem Kabeljau, also Dorsch. Ein Fisch, der sich nicht im Mittelmeer tummelt, sondern im Norden Europas: Stockfisch kommt aus Norwegen. In früheren Zeiten diente er der Versorgung von Schiffsmannschaften und Soldatenheeren. Pierantonio Cocato aus Bassano del Grappa betreibt einen winzigen Baccalà-Laden in der Fußgängerzone. Er erzählt, sein Stockfisch komme von den Lofoten in Nordnorwegen. Dort wird der Fisch gefangen und auf Holzgestellen an der Luft getrocknet. „Früher war das ein Arme-Leute-Essen", das wenig kostete und über einen im Norden aktiven Dogen ins Veneto kam. Dort war der Bedarf zunächst gering, es gab ja genügend frischen Fisch. Deshalb wurde er billig an die Bauern im Hinterland verkauft. „Sie bereiteten den Baccalà mit Mehl zu, so wurde das Gericht sättigender", weiß Pierantonio Cocato. Heute

EINFACH UND GUT: EINFACH GUT!

ist Baccalá eine Delikatesse, das Kilo kostet gut 30 Euro. Einer der Gründe für den hohen Preis ist, dass das Trocknen immer noch von Hand gemacht wird – und Norwegen alles andere als ein Billiglohnland ist. Außerdem habe sich dort auch das Klima verändert, so der Baccalà-Experte: „Es ist wärmer und feuchter geworden, das heißt viel von dem Fisch trocknet nicht, sondern verrottet und muss weggeworfen werden." Das treibt den Preis in die Höhe.

Stockfischrezept

Baccalà a la vicentina: Stockfisch à la Vicenza

Zutaten (für 4 Personen):

- 800 g Stockfisch, bereits eingeweicht
- 200 g Zwiebeln
- 50 g Butter
- 4 entsalzte Sardellenfilets
- 1 Bund Petersilie
- 1 Knoblauchzehe
- etwas Weißmehl
- 750 ml Milch
- Olivenöl (extra vergine)
- Salz

Zubereitung:

- Den Stockfisch zunächst für zwölf Stunden im Wasser einweichen, dann flachklopfen.
- Der Länge nach in zehn Zentimeter breite Stücke schneiden.
- Mit Mehl bestäuben, beiseite legen.
- Öl in einer Pfanne erhitzen, Petersilie und Knoblauch leicht anbraten.
- Wenn beides leicht angebräunt ist, herausnehmen, die Sardellenfilets in die Pfanne geben und in der Hitze zergehen lassen.
- Dann in einer anderen Pfanne die Butter mit Öl und Zwiebel zergehen lassen und leicht anbraten.
- Wenn die Zwiebel braun wird, den Stockfisch hinzugeben und so lange braten lassen, bis er leicht braun ist.
- Den Stockfisch vorsichtig öffnen, die Sardellen-Sauce hineingeben und wieder schließen.
- Dann Milch angießen und das Ganze für einige Stunden weiterköcheln lassen.

Deliziös: Baccalà mantecato

Vor der weiteren Zubereitung müssen die getrockneten Fische ausgiebig gewässert werden. Nach zwei bis drei Tagen – je nachdem, wie häufig das Wasser gewechselt wird und je nach geschmacklicher Vorliebe – ist der Fisch bereit zur Weiterverarbeitung in der Küche. Während dieser Wässerungszeit nimmt er stark an Volumen zu. Ein deliziöses Gericht ist *Baccalà mantecato*: feines Stockfischmus, man isst es auf gerösteten Brotscheiben zum Gläschen Wein.

In guten Restaurants kommt der Koch – wie hier in Venedig – schon mal selbst zu seinen Gästen an den Tisch …

MIT KLÖSSCHEN *gegen die Revolte*

Gnocchi sind ein typisches *primo piatto* der italienischen Küche, ein erster Gang also. Das Wort *gnocchi* (ausgesprochen *jnokki* und nicht etwa *gnotschi*) kommt von Nockerln, österreichisch für Klößchen, doch umgangssprachlich bedeutet es im Singular „gnocco" auch Dummkopf. So werden in einem bekannten Vers aus dem 19. Jahrhundert die Leute von Verona spöttisch „gnocchi" genannt, nach dem Motto: Sage mir, was du isst, und ich sage dir, wer du bist. Denn die Gnocchi gelten als typisches Gericht des Veroneser Karnevals; der Hintergrund hat aber nichts mit heiterem Faschingstreiben zu tun …

Aus der Not geboren

In Verona herrschte zu Beginn des 16. Jahrhunderts eine Hungersnot, ausgelöst zum einen durch verheerende Überschwemungen der Etsch und zum anderen durch Plünderungen, die deutsche Landsknechte in den italienischen Kriegen unter Karl V. anrichteten. Am 18. Juni 1531 stürmte eine aufgebrachte Menschenmenge die Bäckereien rund um die Piazza San Zeno, raubte Brot und Mehl, um dem Hungertod zu entgehen. Eine richtige Revolte wurde gerade noch verhindert, da sich wohlhabende Bürger zu einer Kommission zusammenschlossen und Proviant an die Armen verteilten. In diesem Zusammenhang soll der Philanthrop und Philosoph Tomaso Vico angeregt haben, jährlich am letzten Karnevalsfreitag – in Verona *Venerdì Gnocolar* genannt – Brot, Wein, Butter, Mehl und Käse verteilen zu lassen. Daraus entstand der Brauch des „Baccanale del Gnocco" auch „Funzione dei Gnocchi" oder „Festa dell'Abbondanza" – Fest des Überflusses – genannt. Heute ist das ein Karnevalsumzug am Faschings-Freitag, mit geschmückten Wagen und historischen Kostümen.
Offensichtlich wurden die Gnocchi aus diesen Gaben zusammengerührt. Die Gnocchi dieser ersten Epoche waren natürlich nur aus Mehl und Wasser – denn Kartoffeln, diese Wurzelknollen vom amerikanischen Kontinent, waren erst gerade entdeckt worden. Wie auch Polenta als heute in der venezianischen Küche allgegenwärtige Beilage ihren Siegeszug erst antreten konnte, als Maiskörner ihren Weg vom mexikanischen Hochland in die Poebene fanden. Das dauerte seine Zeit, obwohl ja sogar dieser ferne Kontinent zum Einflussbereich Karls V. gehörte. Denn der war „Römisch-deutscher König, Erwählter Römischer Kaiser, Mehrer des Reiches, König von Spanien, Sizilien, Jerusalem, der Balearen, der kanarischen und indianischen Inseln sowie des Festlandes jenseits des Ozeans" – ein Reich eben, „in dem die Sonne nie untergeht".

400 Jahre Gnocchi-Erfahrung

Heute gehören Gnocchi zu den typischen Gerichten des Veneto. Vor allem die Veroneser sind stolz auf ihre 400-jährige Gnocchi-Erfahrung. Am Faschingsfreitag trifft man sich im Viertel San Zeno, um einen Teller Frei-Gnocchi zu bekommen. Zentner von Kartoffeln werden dafür gewaschen, gekocht, geschält, durchgepresst und mit Mehl gemischt, mit Eiern und Salz zu einer Masse verknetet. Dann wird der Teig in daumendicke Stränge abgeteilt, von denen wiederum rasch Knödelchen abgerissen und geformt werden. Auf der Oberfläche drückt man am Schluss mit einer Gabel Rillen hinein, damit die Soße besser aufgenommen wird. So werden die Gnocchi auf der Piazza San Zeno in riesige Kochtöpfe mit brodelndem Salzwasser geschüttet – wenn sie aufsteigen, sind sie gar und werden mit gigantischen Schöpflöffeln herausgefischt. Darüber kommt Butter und Parmesan.

Das ist die Kunst!

Am eigenen Herd besteht die Kunst darin, die Rohmasse so zuzubereiten, dass die

Gnocchirezept

Zutaten für vier Personen:

- 500 g mehlige Kartoffeln
- 1 Eigelb
- Mehl nach Bedarf
- 3 EL Parmesan, gerieben
- Butter
- 125 g Parmesan, gehobelt, zum Garnieren

Zubereitung

- Kartoffeln knapp 20 Min. garen (mit der Spitze eines scharfen Messers oder mit einer Gabel anstechen: lässt sich die Kartoffel leicht lösen, ist sie gar), abgießen, abkühlen lassen und schälen.
- Pürieren und in eine Schüssel geben.
- Eigelb und Parmesan untermischen, dann nach und nach soviel Mehl zugeben, bis ein leicht klebriger Teig entsteht.
- 2–3 Min. vorsichtig kneten. Nicht zu lange kneten, das macht den Teig flüssig!
- Teig in 4 Portionen teilen, jede Portion auf einer leicht bemehlten Arbeitsfläche zu einer 2 cm dicken Rolle ausrollen, 2,5 cm lange Stücke abschneiden und zu einem Oval formen.
- Gegen die Zinken einer Gabel drücken, bis rundum ein Muster entstanden ist.

Mit der Gabel Rillen in die Gnocchi drücken

- Auf einen bemehlten Teller legen und gut abdecken.
- Je ca. 20 Gnocchi auf einmal in einen großen Topf mit kochendem Salzwasser geben. Kochen lassen und mit einem Schaumlöffel abschöpfen, sobald sie nach 2–3 Min. an die Oberfläche steigen.
- Vor dem Servieren geschmolzene Butter und gehobelten Parmesan dazugeben.

Buon appetito!

UM SPINATGNOCCHI – GNOCCHI AI SPINACI – IN EINER LECKEREN, NICHT ZU SCHWEREN SAUCE ZUZUBEREITEN, BEDARF ES EINIGER ERFAHRUNG

Gnocchi nicht im Garwasser zerfallen. Wer je etwa versucht hat, mit zu weichem Teig Spinatklößchen, *gnocchi ai spinaci*, zuzubereiten, wird sich über die grisselige Spinatsuppe, die entsteht, wenn sich die Gnocchi nicht in Wohlgefallen, sondern im Wasser auflösen, genügend geärgert haben. Manchmal helfen Semmelbrösel …

Regionale Variationen

In Restaurants werden Gnocchi mit verschiedenen Saucen angeboten, einfach mit Butter und Salbei oder Tomaten und Parmesan. Mächtiger ist geschmolzener Gorgonzola, beliebt auch eine gehaltvolle Sauce aus Pferde-Hackfleisch, das angebraten und mit Rotwein abgelöscht wird. Diese Variation nennt man *pastissada de caval*. Aber das ist nur eine von vielen: Gnocchi sind eine einfache Volksspeise und somit sehr verbreitet – fast jede Region hat ihr eigenes, ganz besonderes Rezept entwickelt.

Besonders bekannt sind *gnocchi alla Cadorina*, für die man die Kartoffeln von Pieve di Cadore verwendet. Sie werden mit einer wohlschmeckenden Kombination aus Mehl, Eiern und Butter vermischt und anschließend mit zerlassener Butter und geräucherter Ricotta angerichtet serviert.

In Friaul-Julisch-Venetien macht sich in den *gnocchi di prugne* das österreichische Erbe bemerkbar, denn in jedem dieser leckeren Kartoffelklößchen steckt eine getrocknete Pflaume.

In Triest kennt man sogar *gnocchi al cacao* – Kartoffel-Gnocchi mit Bitterschokolade und kandierten Früchten; ebenfalls ein primo piatto, ein erster Gang. Sie sollen aus der Zeit üppiger Renaissance-Bankette stammen, bei denen auch Süßspeisen zu den Antipasti gehörten.

Die langen, flachen *gnocchi alla Romana*, die vermutlich in Piemont erfunden wurden, heute aber mit der italienischen Hauptstadt in Verbindung gebracht werden, bestehen aus grobgemahlenem Hartweizengrieß. Man gart sie in Milch und schiebt sie kurz in den Backofen, bis der darübergestreute Parmesankäse goldbraun geworden ist.

Gnocchi alla Siciliana werden aus Mehl, Schafsmilch-Ricotta, Eiern und Käse zubereitet, und diesen Zutaten fügt man süße kleine Rosinen (*uvette*), Pinienkerne und frisches Basilikum hinzu, was an die arabischen Einflüsse auf der Insel erinnert. Ein vielseitiges Gericht also, mal mit Anklängen an die habsburgische Küche, mal mit arabischen Geschmacksnoten.

VOM BAUERN-FRIZZANTE *zum Vernissagen-Getränk*

Wenige Weine haben eine solche Karriere hingelegt wie der Prosecco. Vor allem im Ausland ist dieser Perlwein erfolgreich wie früher Lambrusco und Chianti in der Korbflasche. Man kann es kaum verschweigen: Mit der Qualität ist es oft genauso wenig weit her wie bei diesen beiden Vorläufern, mit denen die Deutschen einst das Urlaubsgefühl in den Kadett-Kofferraum packten und über die Alpen brachten. Beim Prosecco liegt das aber daran, dass es wirklich guten zwar gibt, der aber kaum exportiert wird. So ist das meiste, was in Deutschland bei Vernissagen, Stehempfängen oder Geburtstagsfeiern ausgeschenkt wird, ein Prosecco, den im Veneto kaum einer kaufen würde. Außer vielleicht, um ihn in den Kofferraum zu packen und nach Deutschland zu bringen.

Wein, Perlwein, Schaumwein

Prosecco ist eine weiße Rebsorte, die nur in der Provinz Treviso wächst und im Altertum *vinum pucinum* hieß. Später war der Prosecco ein Bauern-Frizzante. Da die Trauben erst Ende Oktober reif sind, konnte der Most in den nun schon kühlen Kellern nicht durchgären. Zum Ende kam die Gärung erst, wenn es draußen wieder warm wurde – aber dann war der Wein schon in der Flasche. Der Korken wurde mit einem Bindfaden festgezurrt, sodass die Kohlensäure nicht entweichen konnte. Für hochwertigen Prosecco nimmt man vor allem die Prosecco-Traube; daneben werden aber auch die Sorten Bianchetta, Cartizze, Chardonnay und einige andere verwendet. Aber nur Prosecco aus der Region um die Gemeinden Valdobbiadene und Conegliano darf den Status eines „DOC"-Prosecco tragen. DOC ist die Abkürzung für *denominazione d'origine controllata*, zu Deutsch: Qualitätswein bestimmter Anbaugebiete. Sie besagt, dass die Trauben aus dem Hügelgebiet kommen. Höchstens 120 Doppelzentner Trauben dürfen pro Hektar geerntet werden, während in der Ebene 250 Doppelzentner zugelassen sind. „Prosecco di Valdobbiadene e Conegliano" steht auf dem Etikett, manchmal auch nur Conegliano oder nur Valdobbiadene.

„Prosecco Spumante" ist die oberste Qualitätsstufe, „Prosecco frizzante" hingegen ist oft stiller Wein, mit Kohlensäure versetzt. Das klingt so, wie es dann auch schmeckt. Also keine weineigene Gärung. Auch der Prosecco Spumante wird nicht wie Winzersekt oder Champagner mit Flaschengärung hergestellt, sondern in Tankgärung, was aber nicht unbedingt eine schlechtere Qualität hervorbringen muss.

Stille Weine aus der Traube, also „Prosecco spento" oder „Prosecco tranquillo", gelangen kaum je in den Export – ja, sie sind sogar in Italien außerhalb des Veneto selten zu finden. Mit „trocken" (italienisch: „secco"), hat der Name der Traube übrigens nichts zu tun.

Ein „sehr weit gefasster Markenbegriff"

In der gesetzlich definierten Region DOC Prosecco di Conegliano-Valdobbiadene können pro Jahr rund 38 Millionen Flaschen erzeugt werden. Dieser Prosecco ist guter Prosecco, rund 100 Kellereien produzieren diese Qualität. Doch deren Erträge in den Hügeln reichen niemals aus, um den Prosecco-Durst deutscher Damen zu stillen. Es kommt also vieles auf den Markt, was nur bei sehr weit gefasster Markenbezeichnung noch den Namen „Prosecco" verdient. In der Ebene werden die Weinstöcke auf hohe Erträge getrimmt, da können 25 000 Liter pro Hektar herauskommen, eine riesige Menge.

Die Häme der Kritiker

Weinkritiker schütten Häme darüber aus. Einer schrieb, dieses „Zeug" sei klebrig, es würde stinken nach Fäulnis und Muff und Dauerwelle beim Friseur. Ein anderer ätzte nicht weniger hämisch: „Wässrig, säuerlich, grobperlig und mit einem Bukett von Rasierwasser, so lässt sich die Durchschnittsqualität beschreiben."

WAS PERLT DENN DA IM GLASE? UND KITZELT IN DER NASE? DER PROSECCO IST'S, GEWISS!

PROSECCO-KELLEREI IN VALDOBBIADENE

Und wo bleibt die gute Nachricht?

Die gute Nachricht: ein echter Prosecco schmeckt leicht, fruchtig, sanft schäumend, kann an Birnen- oder Apfelaroma erinnern. Diesen gibt es aber nicht für drei Euro die Flasche. Weder beim deutschen Discounter, noch beim kleinen Winzer in den Hügeln von Valdobbiadene.

Vom Prosecco abgesehen ...

... kommen aus dem Veneto durchaus qualitätvolle Weine. 12,5 % der italienischen Weine wachsen im Veneto, dort gibt es rund 73 000 ha Rebfläche, und davon ist fast die Hälfte – nämlich 32 000 – als DOC-Gebiete klassifiziert. In Verona findet jedes Jahr im April die „Vinitaly" statt, die renommierteste Weinmesse der Welt (www.vinitaly.com). Dort verleiht der Slowfood-Weinführer Gambero Rosso seine mit Spannung erwartete Auszeichnung: „Drei Gläser – Tre Bicchieri" – heißt diese wichtigste Wein-Prämierung Italiens. Bei der letzten Prämierung gingen von 300 Auszeichnungen 27 ins Veneto, darunter acht Amarone und sogar neun Soave Classico. Letzteres beweist, dass der lange als leichter, minderwertiger Wein Verrufene aus der Garganega-Traube rund um das gleichnamige Städtchen sich ordentlich gemausert hat. Der Amarone dagegen war immer schon ein edler, und schwerer Tropfen mit einem gewaltigen Aroma – als Essensbegleiter mit Bedacht zu wählen.

Spritz am Abend, erquickend und labend

So mühen sich die Winzer der Region, mit ihren Produkten aufzusteigen in den italienischen Weinhimmel. Doch was trinken die Menschen auf den Piazze und in den Bars vor allem am frühen Abend? Spritz. Das ist ein alkoholisches Mischgetränk, auf das man italienische Weinproduzenten überhaupt nicht ansprechen sollte: Spritz – auch Spriz, Spriss oder Sprisseto – wird vor allem im Veneto und in Südtirol viel getrunken. Man nimmt knapp zur Hälfte Weißwein, ein Drittel Mineralwasser, und, damit das Getränk die hübsche Sonnenuntergangsfarbe bekommt, noch einen kräftigen Schuss Aperol oder manchmal auch Campari Bitter. Eiswürfel gehören auch hinein, damit es schön klimpert. Wahrscheinlich geht der Spritz auf die österreichischen Besatzer zurück. Ihnen war offensichtlich der italienische Wein zu stark, sie verdünnten ihn mit Mineralwasser oder Soda – zu einem „Gspritzten" eben.

Teste den Trester

Traditionell sprach nichts dagegen, ein Gläschen Grappa zum Frühstück zu trinken, schließlich wurde der Tresterschnaps ursprünglich von Bauern als Medizin und Desinfektionsmittel hergestellt. Heute wird man eher keinen Grappa mehr zu so früher Stunde zu sich nehmen, denn Grappa ist ein stark alkoholisches Getränk. Es wird ausschließlich in Italien hergestellt und macht nur etwas mehr als ein Tausendstel aller in einem Jahr in der ganzen Welt getrunkenen Spirituosen aus.

Vor Ort Verkostung in der Nardini-Grappastube ...

... in Bassano del Grappa

Patriotisches Nationalgetränk

Im 19. Jahrhundert, mit erstarkendem italienischen Nationalbewusstsein, wurde Grappa geradezu zu einem patriotischen Nationalgetränk. Die italienischen Soldaten des Ersten Weltkrieges bekamen eine tägliche Grapparation.

Unverwechselbarer Geschmack

Ein Großteil der italienischen Grappaproduktion kommt aus Bassano del Grappa. Gewonnen wird die Spirituose aus den Resten im Weinkeller – somit ist Grappa die einzige Spirituose, die nicht aus einer Flüssigkeit, sondern aus einer festen Substanz destilliert wird. Gerade bei dieser komplizierten Herstellung bildet sich der unverwechselbare Geschmack der Grappe heraus.

Sein oder Design?

Ein Bauernschnaps ist Grappa heute nicht mehr, das zeigt schon der Preis, der mitunter aber völlig überhöht ist. Nicht immer bestimmt das Sein das Design – gerade in die schicken Designerflaschen, die in den Souvenirläden beliebter Touristenorte stehen, werden schon mal eher minderwertige Spirituosen abgefüllt.

Am anderen Ende der Grappa-Skala steht dann die Grappa Monovitigno: Grappa, deren Trester aus nur einer Traubensorte besteht. Es gibt Barolo-Grappa, Chardonnay-Grappa im Barriques und natürlich im Veneto Grappa di Prosecco Monovitigno. Damit ist man dann aber schon sehr weit entfernt von dem ehemaligen Bauernschnaps.

„Das Schiff fuhr langsam durch die Nacht,wie ein schlüssiger Gedanke durch das Unbewusste" (Joseph Brodsky): Blick auf Venedigs San Giorgio Maggiore

ANREISE

Bei der Einreise von Deutschen, Schweizern und Österreichern nach Italien genügt der gültige Personalausweis. Zollkontrollen sind selten, mittlerweile muss man an den Grenzen nicht einmal mehr anhalten und den Ausweis zeigen.

Mit dem Flugzeug: Preiswert kommt man mit TuiFly (www.tuifly.com) von vielen deutschen Flughäfen nach Venedig Marco Polo (www.veniceairport.it). Der internationale Flughafen liegt 12 km von Venedig entfernt. Die Verbindung zwischen der Piazzale Roma in Venedig und dem Flughafen erfolgt über die Buslinie ACTV Nr. 5 (gelber Bus), 2,00 Euro, oder ATVO (blauer Bus, privat), 3,00 Euro (incl. 1 Gepäckstück). Ein Expressbus fährt auch vom Bahnhof Mestre. Vom Flughafen kommt man zudem per Boot nach Venedig: Sehr stilecht ist so eine Anreise zu Wasser! Eine einfache Fahrt im privaten Taxiboot (motoscafo) kostet allerdings rund 70 Euro. Günstiger sind die Linienboote von Alilaguna (www.alilaguna.it, Tel. 04152357759). Für zwischen 5 und 15 Euro kommt man mit der Blauen Linie etwa zum Lido oder auch zum Markusplatz.

Vor allem von Low-Cost-Carriers wird der Flughafen Aeroporto di Treviso-Sant'Angelo „Antonio Canova" (www.trevisoairport.it) genutzt, der von den Billigfliegern auch Flughafen Venedig (Treviso) genannt wird – die Lagunenstadt ist jedoch fast 50 km entfernt. Treviso wird von Ryanair ab Bremen, Düsseldorf und Frankfurt-Hahn sowie von Sky Europe ab Wien angeflogen. Zwischen Treviso (Flughafen), Mestre (Bahnhof) und Venedig (Piazzale Roma) pendeln auf die Flugzeiten abgestimmte Zubringer-Busse der ATVO (www.atvo.it).

Der Flughafen Verona Catullo (www.aeroportoverona.it, Tel. 04 58 09 56 66) wird von Airltaly (www. airitaly.it) und Air Dolomiti (www.airdolomiti.it) angeflogen.

Mit der Bahn: Gute Bahnverbindungen über die Brennerstrecke. Fahrplanauskunft und Reservierung für Italien: www.trenitalia.it oder www bahn. de. Auskunft Deutsche Bahn: Tel. 11861 (gebührenpflichtig), automatische Fahrplanauskunft 0800 1 50 70 90 (kostenlos).

Von München, Zürich und Wien ist man in etwa acht Stunden in Venedig, von Frankfurt in etwa 13 Stunden. Eine stilvolle Anreise ist der Venice Simplon-Orient-Express – ein historischer Luxuszug, der mehrmals wöchentlich zwischen Venedig und Paris bzw. London verkehrt. Informationen unter: www.orient-express.com und in Köln unter der Telefonnummer: 0221 338 03 00.

Mit dem Auto: Es genügen der nationale Führerschein und die üblichen Kfz-Papiere. Der übliche Weg führt über den Brennerpass, der das ganze Jahr geöffnet ist. Bei den deutschen Automobilclubs sowie an Tankstellen und Postämtern im Grenzbereich, sowohl in Deutschland als auch in Italien, kann die Video-Maut für die Brenner-Autobahn im Voraus bezahlt werden. Bei der Bezahlung wird das Kfz-Kennzeichen registriert. Beim Einfahren in die Videomaut-Spur wird das Kennzeichen gelesen und die Schranke öffnet sich. Die Gebühr für die Brenner-Autobahn beträgt 8 Euro, egal ob Video-Maut oder herkömmliche Zahlungsart.

Von einigen Städten in Deutschland kann man mit dem DB-Autozug nach Verona reisen. Schnellbucher können mit Glück für 9,90 Euro ihr Auto Hukkepack nehmen, weitere günstige Angebote unter www.db-autozug.de.

Für die Benutzung der Autobahnen in Österreich besteht Vignettenpflicht. Es gibt Jahres-, Zweimonats- und Zehn-Tages-Vignetten. Sie sind erhältlich bei den deutschen Automobilclubs sowie an Tankstellen und Postämtern im Grenzbereich von Deutschland und Italien sowie an den Autobahntankstellen in Österreich. Pkw kosten: Jahresvignette 72,60 Euro, Monats-Vignette 21,80 Euro, Zehn-Tages-Vignette 7,60 Euro. Motorräder: Jahresvignette 29 Euro, Zwei-Monats-Vignette 10,90 Euro, Zehn-Tages-Vignette 4,30 Euro.

AUSKUNFT

In Deutschland: Italienisches Fremdenverkehrsamt ENIT, www.enit.it; Kaiserstr. 65, 60329 Frankfurt, Tel. 069 23 74 34, enit.ffm@t-online.de; Kontorhaus Mitte, Friedrichstr. 187, 10117 Berlin, Tel. 030 247 83 97, enit-berlin@t-online.de; Lenbachplatz 2, 80333 München, Tel. 089 53 13 17, enit-muenchen@t-online.de

In Österreich: Enit, Kärtnerring 4, 1010 Wien, Tel. 01 505 16 39, delegation.wien@enit.at
In der Schweiz: Enit, Uraniastr. 32, 8001 Zürich, Tel. 0041 434 66 40 40, info@enit.ch, www.enit.ch

AUTOFAHREN

Die wichtigsten Regeln: Auf italienischen Autobahnen und Staatsstraßen muss das Abblendlicht auch am Tage eingeschaltet sein, in bewohnten Gebieten darf tagsüber ohne Licht gefahren werden. Wer ohne die vorgeschriebene Beleuchtung fährt, riskiert ein Bußgeld von 32 Euro. Promillegrenze ist 0,5, Telefonieren am Steuer ist mit Freisprecheinrichtung oder Kopfhörer erlaubt (wer mit dem Handy in der Hand telefoniert, riskiert Geldbußen von mindestens 70 Euro). Motorisierte Zweiräder müssen auf allen Straßen grundsätzlich mit Abblendlicht fahren. Ausländer, die bei einer Übertretung der Straßenverkehrsordnung erwischt werden, werden sofort zur Kasse gebeten. Wer kein Geld dabei hat, dem wird der Führerschein als Pfand abgenommen, es kann aber auch das Fahrzeug beschlagnahmt werden. Die Geschwindigkeitsbegrenzung auf Autobahnen beträgt 130 km/h, auf dreispurigen Autobahnen kann bei entsprechender Beschilderung 150 km/h gefahren werden. Geschwindigkeitsübertretungen können teuer werden: bis zu 10 km/h schneller als erlaubt bis zu 131 Euro, bis 40 km/h schneller als erlaubt bis zu 524 Euro.
Gespannfahrer aufgepasst: Auf der italienischen Brenner-Autobahn vom Brenner bis Ala-Avio besteht neben dem Überholverbot für Lkw auch eines für Pkw mit Wohnwagen bzw. Anhänger. Die Regelung gilt in der Zeit von 6.00 bis 22.00 Uhr, zwischen Brixen und Klausen den ganzen Tag.

BAHN UND BUS

Italien verfügt über ein dichtes Busnetz. Fahrpläne sind bei den Fremdenverkehrsämtern erhältlich. Weitere Informationen erhält man bei: Azienda Provinciale Trasporti Verona (www.aptv.it, Tel. 04 58 00 41 25). Fahrscheine müssen vor Antritt der Fahrt gelöst werden. Es gibt sie in den tabacchi und oft an Zeitungskiosken. Wer erst im Bus bezahlt, zahlt einen erhöhten Betrag.
Die Bahnstrecke Mailand-Venedig wird in der Regel viel frequentiert. Infos unter (www.trenitalia.it). Eine weitere Bahnverbindung führt von Trento über Bassano oder über Feltre, Belluno und Treviso nach Venedig.

ESSEN UND TRINKEN

Natürlich gibt es in der Küche des Veneto und Venedigs viel Fisch, schließlich gilt Chioggia als der größte Fischmarkt Italiens überhaupt. Doch das fruchtbare Hinterland mit seinen landwirtschaftlichen Produkten ist mindestens genauso wichtig für den Speisezettel. Hier spielt sowohl Reis eine große Rolle, der in der Ebene entlang des Po angebaut wird, als auch Mais. *Risi e bisi*, Reis mit Erbsen, ist eines der traditionellen und einfachen Gerichte hier, und Polenta von fast flüssig wie Kartoffelbrei bis zu schnittfest gebacken fehlt selten auf einem Teller.
Eine Spezialität der Region ist Aal in allen Varianten von gegrillt bis gedämpft. Fische, Muscheln, Meerestiere werden oft einfach gegrillt. Bekannt ist der Radicchio von Treviso. Er wird nicht nur als Salat angeboten, sondern auch gebacken.
Berühmt ist *fegato alla veneziana*, Kalbsleber mit Zwiebeln. Kalbsgulasch, *spezzatino*, wird meist mit Polenta serviert. Zu den bekanntesten Käsesorten zählt der *Grana Padano*, dem Parmesan eng verwandt, meistens aber etwas preisgünstiger als der Artverwandte. Ähnlich verhält es sich mit dem Schinken *prosciutto dolce* aus Montagnana, der ähnlich schmeckt, aber nicht ganz so bekannt ist wie wiederum der aus Parma.
Salat wird ohne Dressing serviert. Man bediene sich beim bekömmlichen Olivenöl, das dazu gebracht wird; vielleicht kommt es ja von einem der schönen, Schatten spendenden und lieblich anzusehenden Bäume, die hinter dem Gast auf der Terrasse wachsen – oder von nicht viel weiter weg.

FEIERTAGE UND FESTE

Feiertage: 1. Januar capo d'anno (Neujahr) **6. Januar** epifania (Dreikönigstag) **19. März** San Giuseppe **März/April** pasqua (Ostern) **25. April** liberazione (Tag der Befreiung vom Faschismus), **1. Mai** festa del lavoro (Tag der Arbeit) **Mai/Juni** ascensione (Christi Himmelfahrt), Lunedì di Pentecoste (Pfingstmontag), Fronleichnam **29. Juni** Peter und Paul Festtag **15. August** ferragosto (Mariä Himmelfahrt) **1. November** ogni santi (Allerheiligen) **8. Dezember** immacolata concezione (Mariä Empfängnis) **25. Dezember** natale (Weihnachten) **26. Dezember** Santo Stefano.

Feste: Februar Karnevalsumzüge und natürlich der berühmte Carnevale di Venezia **Ostern** In vielen Orten Karfreitagsprozessionen **Juni** Palio delle Barche: ein Ruderwettbewerb auf dem Brenta (drittes Wochenende, Start in Stra bei Padua), **Juni–August** Arena di Verona, Opernfestspiele in der Arena **August** Festa del Palio in Feltre, erstes Wochenende, ein historisches Reiterspiel. Internationales Kammermusikfestival in Asolo **September** Konzerte im Teatro Olimpico in Vicenza. Partita a Scacchi, Schachspiel mit historisch gekleideten Mitspielern in Marostica, „Palio dei dieci comuni" in Montagnana, ein Pferderennen um die Stadtmauer, jeden ersten September-Sonntag. **Okto-**

Daten und Fakten

Geografische Lage Venetien liegt im Nordosten Italiens, die Region reicht vom Meer bis in die Alpen. Östlicher Nachbar ist Friaul, im Norden grenzen Österreich und Südtirol-Trentino an die Region, im Westen die Lombardei und im Süden die Emilia Romagna. Zu den schönsten Bergregionen der Alpen gehören die Belluneser Dolomiten im Norden, bekanntester See ist der Gardasee im Westen, im Süden liegt die vom Po – mit 652 km Italiens längster Fluss – weite Poebene sowie im Osten das Meer mit den Lagunen Venedigs.

Politik Italien ist seit 1946 eine Republik, Regierungssitz ist Rom. Das Parlament besteht aus zwei Kammern, Abgeordnetenhaus und Senat. Die Republik gliedert sich in 20 Regionen.

Bevölkerung Zur behandelten Region gehören dünn besiedelte Landstriche wie Berggebiete und bevölkerungsreiche Gegenden wie das Umland von Venedig. Landessprache ist italienisch. Italiener sind zu 90 Prozent römisch-katholisch, jedoch ist die katholische Religion seit 1984 nicht mehr Staatsreligion.

Bevölkerungsdichte 195 Einw. pro km^2.

Einwohner Italien hat knapp 59 Mio. Einw. In den sieben Provinzen des Veneto leben 4,4 Mio. Menschen.

Wirtschaft und Verkehr Italien ist Gründungsmitglied der Europäischen Gemeinschaft und Mitglied der G7-Länder. Seinen größten Anteil des BIP erwirtschaftet Italien im Dienstleistungssektor, zu dem der Fremdenverkehr zählt. Die durchschnittliche Arbeitslosigkeit des Landes liegt bei 12 Prozent, im industrialisierten Norden bei etwa 7 Prozent. Ein Drittel der Erwerbstätigen ist in der Industrie beschäftigt. Es gibt kaum mittelständische Betriebe, sondern viele Konzerne sowie zahllose kleine Betriebe. Nur unter zehn Prozent der Bevölkerung arbeiten in der Landwirtschaft, wenngleich über 50 Prozent der Gesamtfläche landwirtschaftlich genutzt werden – in großem Stil in der Poebene, der wichtigsten Agrarregion Italiens.
Der Tourismus spielt in Italien eine sehr große Rolle. Rund 30 Mio. Gäste reisen Jahr für Jahr in das Land, etwa 7 Mio. davon kommen aus Deutschland.

Geschichte

191 v. Chr. Oberitalien wird römische Provinz (Gallia Cisalpina).

59–49 v. Chr. Caius Julius Caesar ist Statthalter von Gallia Cisalpina; Verona entwickelt sich als bedeutendes Zentrum.

4. Jh. Vorangetrieben durch den Mailänder Bischof Ambrosius breitet sich das Christentum im südlichen Alpenraum aus.

395 Nach der Teilung des Römischen Reichs fällt Norditalien Westrom zu.

25. März 421 Der Legende nach wird Venedig von Bewohnern anderer Städte gegründet, die vor Alerichs Westgoten flüchten.

452 Die Truppen des Hunnenkönigs Attila verwüsten Verona.

568–774 Herrschaft der Langobarden in Oberitalien.

697 Venedig wählt einen Dogen als Oberhaupt.

774 Karl der Große erobert das Langobardenreich und schenkt dem Papst Venetien.

830 Baubeginn von San Marco in Venedig

bis 951 Karolingische Kaiser und Könige sowie einheimische Fürsten ringen um die Macht in Oberitalien.

1000 Unter dem Dogen Pietro Orseolo besiegen die Venezianer Istrien und Dalmatien. Das begründet ihre jahrhundertelange Herrschaft an der Küste.

1099 Die Kreuzfahrer nehmen Jerusalem ein. Somit erstreckt sich das Handelsgebiet Venedigs bis ins Heilige Land.

ab 1200 Venedigs Hochblüte.

1260–1387 Die kaisertreuen Scaligeri (Skaliger) herrschen in Verona.

1348 Erdbeben und Pest setzen Venedig zu.

14./15. Jh. Die Mailänder Visconti gewinnen die Herrschaft über Verona. Venedig breitet sich im Hinterland aus und reicht zeitweise bis nach Bergamo.

ab 17. Jh. Venedig verliert an Einfluss und Macht und muss viele Gebiete an die Türkei und auch an Österreich abtreten.

1796 Napoléon erobert die Lombardei und Venetien.

1797 Venedig kommt zu Österreich, später zu Napoléon, dann wieder zu Österreich.

1821–1861 Zeit des Risorgimento, der Freiheitsbewegung zur Einigung Italiens.

1866 Österreich muss die Lombardei und Venetien dem 1861 gegründeten Königreich Italien abtreten.

1915–1918 Östereichische Flugzeuge bombardieren Venedig.

1946 wird in Italien die Republik proklamiert.

1963 Bei Belluno rutscht ein Berg in einen Stausee ab, dadurch entsteht eine verheerende Flut, die über 2000 Menschen tötet.

1966 Verheerendes Hochwasser in Venedig.

1960er-Jahre Tourismusboom an der Adria. In Cattolica und Lignano sehen viele Deutsche das erste Mal das Meer.

1996 Der Führer der rechtsgerichteten Lega Nord, Umberto Bossi, ruft in Venedig den fiktiven Staat „Padania" aus.

2003 Im Juli herrscht eine große Dürre, Wasser aus dem Gardasee wird in die Poebene geleitet, um größte Ernteschäden zu vermeiden.

2006 Romano Prodi wird Ministerpräsident.

2007 Elf Jahre, nachdem der spanische Stararchitekt Santiago Calatrava den Auftrag dafür bekam, beginnen die Bauarbeiten für eine neue, insgesamt 857 m lange Brücke über den Canal Grande, die ab 2009 die Insel Tronchetta mit dem Busbahnhof verbinden soll.

ber Kastanienfeste (Castagnate) in vielen Dörfern, marroni werden auf den Plätzen in großen Pfannen geröstet. **Dezember** In vielen Dörfern Krippenausstellungen.

GESUNDHEIT

In Notfällen wendet man sich an den *pronto soccorso* (Erste Hilfe) oder die *guardia medica* (Notarzt). Apotheken heißen in Italien *farmacia* und sind mit einem grünen Kreuz gekennzeichnet. Der Notruf ist gebührenfrei: Tel. 113 (mit dem Handy 112). Erste Hilfe: 118. Feuerwehr: 115. Pannendienst: 116. ADAC-Notruf: 02 66 15 91 oder in Deutschland: Tel. 089 22 22 22. ACI (Automobil Club): Tel. 064 99 81.

HOTELS

Preiskategorien

€€€€	Doppelzimmer	über 200 Euro
€€€	Doppelzimmer	250–200 Euro
€€	Doppelzimmer	150–250 Euro
€	Doppelzimmer	150 Euro

Adressen siehe Infoseiten der Städte und Regionen. Die Preise differieren stark, in Venedig und Cortina d'Ampezzo sind sie am höchsten. Anlässlich von Festen und Feiertagen werden in der Regel höhere Preise verlangt, teuerster Reisemonat ist der August – die Hauptreisezeit der dann auch gerne in kühlere Bergregionen ausschwärmenden Italiener. Zwei praktische Websites für die Bettensuche in Italien sind: www.itwg.com und www.italien.com, hier gibt es alles vom Bauernhof bis zum Luxushotel. Infos über Bed&Breakfast: www.caffelletto.it. Agriturismo: www.agriturismo.it, www.agriturismo. com. Jugendherbergen gibt es in Verona, Vicenza und Padua (www.ostellionline.org).

ÖFFNUNGSZEITEN

Banken: Mo.–Fr. 8.30–13.30, 14.15–15.45 Uhr
Postämter: Mo.–Fr. 8.15–13.30, Sa. bis 12 Uhr
Geschäfte: Mo.–Fr. 9.00–12.30, 15.30–19.30 Uhr. In vielen Orten haben die Geschäfte in den Fußgängerzonen bis 22.00 Uhr geöffnet. Lebensmittelläden öffnen auch am Sonntagvormittag. Restaurants bleiben am Nachmittag meist geschlossen.

RADFAHREN

Für Mountainbiker sind die nördlichen Regionen des Veneto ein ideales Revier, Hügel oder Berge, alles da. Der Rest der Region: ein Paradies für Rennradfahrer. Jedenfalls macht es den Eindruck, wenn man auch nur irgendwo außerhalb der Autobahnen unterwegs ist: Radfahrer überall. Tosender Verkehr scheint den italienischen Sportradler nicht zu stören, in Gruppen oder auch allein, bekleidet wie für Etappen des Giro d'Italia, überall treten sie in die Pedale. Als Autofahrer kann man nur vorsichtig fahren, wer selber aufs Rad umsteigen möchte, sollte ebenfalls achtsam sein. Nicht vergessen: Helme sind Pflicht!

Beliebtes Souvenir: Masken aus Venedig

RESTAURANTS

Preiskategorien

€€€€		Gourmettempel
€€€	Menü	über 40 Euro
€€	Menü	25–40 Euro
€	Menü	15–5 Euro

Adressen siehe Infoseiten der Städte und Regionen. Mit der Umstellung auf den Euro ist Essen gehen auch in Italien teurer geworden. Eine Pizza unter 4,50 Euro wird man kaum finden, Pastagerichte beginnen meist bei sechs Euro – hausgemachte frische Pasta kostet um die acht Euro. Fisch vom Grill, wenn er nicht tiefgefroren ist, ist selten unter neun Euro zu haben. Das kleine Glas Wein am Tresen kostet mindestens einen Euro, eine große Flasche Mineralwasser etwa drei Euro. Am günstigsten ist es in Pizzerien, Trattorien bereiten einfache Gerichte auf besserem Niveau, und somit auch teurer. Am teuersten, aber meist auch am besten, ist es in den *ristoranti*. Je teurer ein Restaurant, desto dringender sollte man Plätze reservieren. Die Restaurantküchen servieren meist von 12.00 bis 15.00 und von 19.00 bis 22.00 Uhr warmes Essen, im Hochsommer abends länger. *Pane e coperto* bedeutet Brot und Gedeck, es kostet zwischen 1 und 4 Euro und wird grundsätzlich berechnet. Unüblich ist es in Italien, sich in einem Restaurant einfach an einen freien Tisch zu setzen, geschweige denn, zu anderen hinzuzusetzen. Man wartet auf einen Kellner, der einem die freien Tische zeigt.

SOUVENIRS

Beliebte Mitbringsel sind Lebensmittel wie Salami, Käse, Wein und Olivenöl – am besten auf den Wochenmärkten eingekauft oder in gut sortierten Supermärkten. In allen – touristischen – Orten gibt es Spezialitätenläden; dort bekommt man zwar oft wirklich ausgezeichnete Produkte, doch manchmal halten aufwendige oder pseudo-bäuerliche Verpackung nicht, was sie versprechen. Vor allem gilt das für Grappa, der gerne in Designer-

Wetterdaten Venedig

	Tagestemp. max.	Nachttemp. min.	Wassertemp.	Tage mit Niederschlag	Sonnenstunden pro Tag
Januar	6°	1°	9°	7	3
Februar	8°	2°	8°	6	4
März	12°	5°	10°	7	5
April	16°	10°	13°	8	7
Mai	21°	14°	17°	8	7
Juni	25°	17°	21°	9	8
Juli	28°	20°	23°	6	9
August	27°	19°	24°	7	8
September	24°	17°	21°	5	7
Oktober	18°	12°	18°	6	6
November	12°	7°	14°	8	3
Dezember	7°	3°	11°	6	3

Tipp

Literaturempfehlungen

Joseph Brodsky, Ufer der Verlorenen, Hanser Verlag, München. Das schönste Venedigbuch.
Elisabeth Binder, Orfeo, Klett-Cotta Verlag, Stuttgart. Ein Schweizer Fabrikant fährt nach Venedig, um nach 40 Jahren seine ehemalige Frau noch einmal zu sehen. Eine literarische Spurensuche.
Donna Leon, die Brunetti-Krimis, Diogenes. 15 Fälle musste der Commissario schon in den Gassen und Kanälen der Lagunenstadt lösen. Auch wer sonst kein Krimi-Fan ist, wird diese Lektüre vor Ort genießen.
Daphne du Maurier, Wenn die Gondeln Trauer tragen, Fischer tb. Die Geschichte eines Ehepaares, dessen Tochter auf tragische Weise beim Spielen im Garten ertrinkt. Um ihrer Trauer zu entkommen, reisen beide nach Venedig. Dort lernen sie zwei ältere Schwestern kennen, die vorgeben, mit der Seele ihrer Tochter in Verbindung zu stehen. Subtile Horror-Erzählung.
Thomas Mann, Tod in Venedig, Fischer-tb. Der Schriftsteller von Aschenbach reist nach Venedig, verliert sein Herz, seinen Verstand und schließlich das Leben.
Hanns-Josef Ortheil, Venedig. Eine Verführung, Sanssouci im Hanser Verlag, München. Ortheil findet stimmige, poetische Bilder für die vielbesungene Stadt. Von ihm stammt auch der historische Roman „Im Licht der Lagune" (btb).
Petrarca, Canzoniere, Reclam. Petrarca gilt als Begründer der italienischen Lyrik, das schmale Reclamheftchen ist zweisprachig. Das kann man ja mal einpacken und ab und an ein Sonett lesen: „So berg' ich durch mein Lachen, durch mein Lied / Zuweilen, was ich tief im Busen leide, / Weil jeder andre Weg sich mir entzieht."
Vera Morelli, Ein freies Herz wohnt in meiner Brust ... Dichterinnen und Malerinnen, Patrizierinnen und Bürgerinnen im Venedig der Dogen, Stieglitz Verlag. Das Buch liefert nicht nur lesenswerte Biografien, sondern auch umfassende Zeitbezüge und gibt so einen Einblick in die Zustände in Venedig, über einen Zeitraum von fast 1000 Jahren.
Petra Reski, Meine Mutter und ich, List-Verlag. Die Journalistin Petra Reski lebt seit vielen Jahren in Venedig. Ein runder Geburtstag steht an, und so reist ihre Verwandtschaft an. Vor diesem Hintergrund erzählt Reski anschaulich und liebevoll sowohl ihre Kindheit im Ruhrpott als auch den Alltag in Venedig.

flaschen angeboten wird, um zu verbergen, dass sich dahinter einfachster Tresterschnaps verbirgt. Um sicher zu gehen, kann man sich im Veneto am besten auf Marken wie Nardini verlassen – den kauft man dann gleich vor Ort in Bassano del Grappa in der unprätentiösen Literflasche.
Wer guten Wein und Schnäpse mit nach Hause bringen möchte, sollte am besten eine Weinhandlung (Enoteca) aufsuchen. In den Weinbaugebieten lohnt sich der Besuch der Weinkeller. Man kann den Wein verkosten und dann gleich kistenweise ins Auto laden. Und natürlich gehört auch Glaskunst aus Murano zu den beliebten Souvenirs – am besten vor Ort gekauft, um gute, wenn auch nicht billige Qualität zu bekommen.

SPORT

Bergsport: Wandern, Klettern, Bergsteigen, Canyoning, Mountainbiken, Skifahren und Wasserfallklettern – Bergsport jeder Art kann in den Bergen des Bellunese ausgeübt werden. Informationen bei den Fremdenverkehrsämtern.

Golf: Im Veneto gibt es einige Golfplätze, die zu den besten Italiens gehören. Selbst auf dem Lido von Venedig kann man Golf spielen – auf dem Circolo Golf Venezia (18 Löcher, 6031 m, Meisterschaftskurs 6199 m, Par 72). Viele nützlich Infos im Internet unter www.golf-albrecht.de und www.golf-veneto.de.

Wintersport: Cortina d'Ampezzo ist einer der nobelsten Wintersportorte der Alpen. Weltweit bekannt, seit dort 1956 die ersten Olympischen Winterspiele in Italien stattgefunden haben.

SPRACHE

Italienisch ist die Landessprache, doch mit manchen Dialekten der Region wird man als Fremder so seine Schwierigkeiten haben. In den Gemeinden rund um Cortina spricht man Ladinisch und in den Sprachinseln der Zimbern einen altbayerischen Dialekten. In den Fremdenverkehrsorten verstehen allerdings viele Angestellte von Restaurants und Hotels Deutsch oder Englisch. Ein paar Floskeln Italienisch zu können, erleichtert vieles.

TELEFON

Nach Italien: 0039 + Rufnummer; die Null in der Ortsvorwahl wird mitgewählt. Wer innerhalb Italiens telefonieren will, der muss also die Vorwahl mitwählen, denn sie ist ein fester Bestandteil der Telefonnummer.

Von Italien in die Schweiz: 0041 + Vorwahl ohne 0 + Rufnummer

Nach Deutschland: 0049 + Vorwahl ohne 0 + Rufnummer

Nach Österreich: 0043 + Vorwahl ohne 0 + Rufnummer.

Mobiltelefone (ital. cellulare o. telefonino) der gängigen Netze funktionieren in Italien problemlos, allerdings zu erhöhten Preisen. Italienische Mobilfunk-Nummern beginnen oft mit 335... oder 338..., davor wird keine Null gewählt, weder aus dem Ausland noch innerhalb Italiens.
Wer viel in Italien unterwegs ist, kann sich einen Prepaid-Chip der italienischen TIM kaufen, das kommt günstiger.
Ein neuer Sperr-Notruf für viele ec- und Kreditkarten ist die Nr. + 49 11 61 16.

Fette Ziffern verweisen auf Abbildungen.

IMPRESSUM

Verlag: HB Verlag, Marco-Polo-Straße 1, 73760 Ostfildern, Postfach 3151, 73751 Ostfildern, Tel. 0711/4502-0, Fax 0711/4502-135, www.hb-verlag.de, info@bildatlas.de
Geschäftsführer: Dr. Thomas Brinkmann, Dr. Stephanie Mair-Huydts

Chefredaktion und Programmleitung: Rainer Eisenschmid, Birgit Borowski
Redaktion: Robert Fischer (www.vrb-muenchen.de)
Text: Hilke Maunder, Barbara Schaefer
Exklusiv-Fotografie: Sabine Lubenow (Titelbild: Blick auf San Giorgio Maggiore)
Zusätzliches Bildmaterial: S. 105 oben (Stockfood/Studio Adna), 108 (Stockfood/Studio Bonisolli)
Grafische Konzeption, Art Direktion und Layout: fpm factor product münchen
Kartografie: © MAIRDUMONT GmbH & Co. KG, Ostfildern
HB Bildatlas Fotoservice: HB Verlag, Marco-Polo-Straße 1, 73760 Ostfildern, Tel. 0711/4502-266, Fax 0711/4502-1006, a.nebel@mairdumont.com

Für die Richtigkeit der in diesem HB Bildatlas angegebenen Daten – Adressen, Öffnungszeiten, Telefonnummern usw. – kann der Verlag keine Garantie übernehmen. Nachdruck, auch auszugsweise, nur mit vorheriger Genehmigung des Verlages. Erscheinungsweise: monatlich.

Anzeigenvermarktung: MAIRDUMONT MEDIA, Tel. 0711/4502333, Fax 0711/45021012, media@mairdumont.com, http://media.mairdumont.com
Vertrieb Zeitschriftenhandel: PARTNER Medienservices GmbH, Postfach 810420, 70521 Stuttgart, Tel. 0711/7252-227, Fax 0711/7252-310
Vertrieb Abonnement: Zenit Pressevertrieb GmbH, Postfach 810640, 70523 Stuttgart, Tel. 0711/7252-265, Fax 0711/7252-333, hbverlag@zenit-presse.de
Vertrieb Buchhandel und Einzelhefte: MAIRDUMONT GmbH & Co KG, Marco-Polo-Straße 1, 73760 Ostfildern, Tel. 0711/4502-0, Fax 0711/4502-340
Reproduktionen: Otterbach Medien KG GmbH & Co., Rastatt
Druck und buchbinderische Verarbeitung: Neef + Stumme GmbH & Co. KG, Wittingen.
Printed in Germany

Überall im Pressefachhandel, Buchhandel und Bahnhofsbuchhandel erhältlich oder zu bestellen unter Telefon 0711/4502-0, Fax 0711/4502-340

IN VORBEREITUNG

RÜGEN und die kleineren Nachbarinseln Usedom und Hiddensee überzeugen mit prächtiger Seebäderarchitektur und endlos langen Stränden. Wer sich vom Badetrubel entfernt, findet eine stille Landschaft vor, in der Kraniche, Störche, und Seeadler zum Alltag gehören.

Wo die Ostsee am schönsten ist
Alte Seebäder mit Charme
Ausflüge
nach Usedom und Hiddensee
Kulinarisches
Hering, Kräuter und Sanddorn

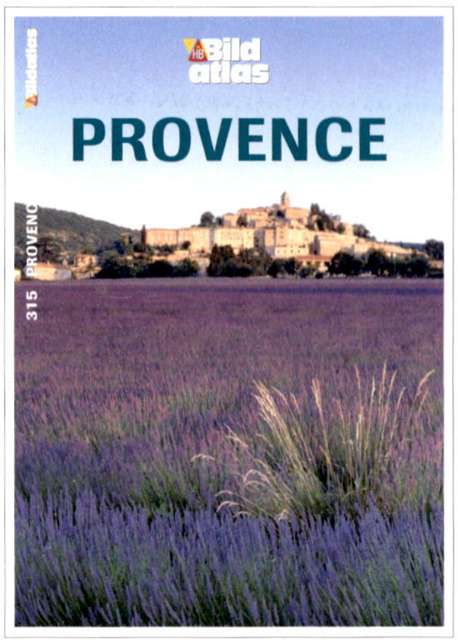

PROVENCE Unendlich erscheinende Lavendelfelder, Sonnenblumen, der Duft von Kräutern, an den Küsten der Kontrast von weißen Kreidefelsen und blauem Meer, die Salzsteppen der Camargue oder lange Sandstrände – die Region bietet alle Facetten des Erlebens.

Farben, Formen, Licht
Zwischen Arles, Orange, Marseille
Natur pur
Unterwegs in der Camargue
Sterne-Küche
Interview mit Edouard Loubet

LIEFERBARE AUSGABEN

HB BILDATLAS

Deutschland

227 Allgäu
198 Altmühltal
204 Bayerischer Wald
235 Berlin
235 Berlin (englische Ausgabe)
289 Bodensee · Oberschwaben
298 Brandenburg
296 Chiemgau · Berchtesgadener Land
274 Dresden · Sächsische Schweiz
256 Eifel · Aachen
260 Elbe und Weser · Bremen
303 Erzgebirge · Vogtland · Chemnitz
242 Frankfurt · Taunus · Rheingau
269 Fränkische Schweiz
253 Hamburg
263 Harz
234 Hunsrück · Naheland · Rheinhessen
233 Leipzig · Halle ·Magdeburg
209 Lüneburger Heide
285 Mainfranken
307 Mecklenburgische Seen
240 Mecklenburg-Vorpommern
151 Mittelfranken
249 Mosel
165 München
255 Münsterland · Münster
281 Nordseeküste · Schleswig-Holstein
196 Oberbayern zwischen Lech und Inn
271 Odenwald · Bergstraße
219 Osnabrücker Land · Emsland · Oldenburger Münsterland · Grafschaft Bentheim
211 Ostfriesland · Oldenburger Land
290 Ostseeküste · Mecklenburg-Vorpommern
277 Ostseeküste · Schleswig-Holstein
215 Pfalz
194 Potsdam · Havelland
243 Rhein zwischen Köln und Mainz
288 Rhön
314 Rügen · Usedom · Hiddensee
300 Ruhrgebiet
258 Sachsen
286 Sachsen-Anhalt
268 Sauerland
200 Schwäbische Alb
266 Schwarzwald · Norden
214 Spreewald · Lausitz · Märkisch-Oderland
247 Südlicher Schwarzwald
224 Sylt · Amrum · Föhr
312 Teutoburger Wald · Ostwestfalen
261 Thüringen
301 Thüringer Wald
202 Trier
237 Weserbergland

Benelux

246 Amsterdam
187 Flandern · Brüssel
275 Niederlande

Frankreich

160 Atlantikküste
278 Bretagne
217 Burgund
225 Côte d'Azur
222 Elsass
221 Korsika
295 Normandie
229 Paris
315 Provence
184 Südfrankreich · Languedoc-Roussillon

Griechenland

193 Athen · Peloponnes
189 Korfu · Ionische Inseln
228 Kreta
310 Zypern

Grossbritannien · Irland

294 Irland
175 London
231 Nordengland
304 Schottland
241 Südengland

Italien · Malta · Kroatien

195 Adriaküste · Emilia Romagna
239 Gardasee · Trentino
309 Golf von Neapel · Kampanien
265 Italienische Riviera
282 Italien · Norden
238 Kroatische Adriaküste
254 Malta
210 Mittelitalien
270 Oberitalienische Seen · Mailand
230 Piemont · Aostatal
226 Rom
264 Sardinien
232 Sizilien
201 Süditalien: Apulien · Basilikata
207 Südtirol
267 Toskana
313 Venedig · Venetien

Mittel- und Osteuropa

292 Baltikum
280 Bulgarien
283 Danzig · Ostsee · Masuren
248 Prag
291 St. Petersburg
244 Südpolen · Breslau · Krakau
306 Tschechien
297 Ungarn

Österreich

293 Kärnten
199 Niederösterreich · Wachau
218 Oberösterreich
220 Salzburger Land · Salzkammergut · Salzburg
174 Tirol
206 Wien

Schweiz

305 Schweiz
302 Tessin

Spanien · Portugal

236 Algarve · Lissabon
223 Andalusien
287 Barcelona
150 Costa Blanca
262 Costa Brava
176 Gran Canaria · Fuerteventura · Lanzarote
213 Ibiza · Formentera · Menorca
259 Kanarische Inseln
245 Lanzarote
212 Mallorca
203 Nordportugal
205 Nordspanien · Atlantikküste Jakobsweg · Galicien
177 Teneriffa · La Palma · Gomera · Hierro

Skandinavien

183 Bornholm
279 Dänemark
180 Nordnorwegen
276 Norwegen · Süden
250 Südschweden · Stockholm

Türkei

252 Türkische Mittelmeerküste

Außereuropäische Ziele

273 Australien Osten · Sydney
284 China
311 Kalifornien
251 Kanadas Westen
299 Neuseeland
272 New York
257 Südafrika

Länderübergreifende Bände

308 Donau

HB BILDATLAS SPECIAL

Afrika · Naher Osten

67 Ägypten
64 Arabien: V. A. Emirate · Oman · Kuwait · Qatar · Bahrain
72 Marokko
61 Namibia
71 Tunesien · Libyen

Australien · Ozeanien

45 Australien: Westen

Europa

54 Madeira · Azoren · Kapverden

Süd- und Südostasien · Ferner Osten

10 Hongkong
53 Indien: Rajasthan · Delhi · Agra
69 Philippinen
34 Sri Lanka und Malediven
70 Thailand

Süd- und Mittelamerika · Karibik

57 Chile
55 Dominikanische Republik · Haiti
60 Jamaika
65 Kleine Antillen: Antigua Guadeloupe · Martinique · Barbados u. a.
73 Mexiko

USA · Kanda

58 Alaska
62 Florida
68 Las Vegas · Grand Canyon
56 Nordwesten: Washington · Oregon
59 Texas

HB BILDATLAS SONDERAUSGABEN

Ski-Special Alpen 2008
Alpen Special 2008